L'elefante invisibile

Luciano Canova

看不見的大象

當危機就在身邊，為何我們選擇毫不在意？

盧西亞諾・卡諾瓦＿著　倪安宇＿譯

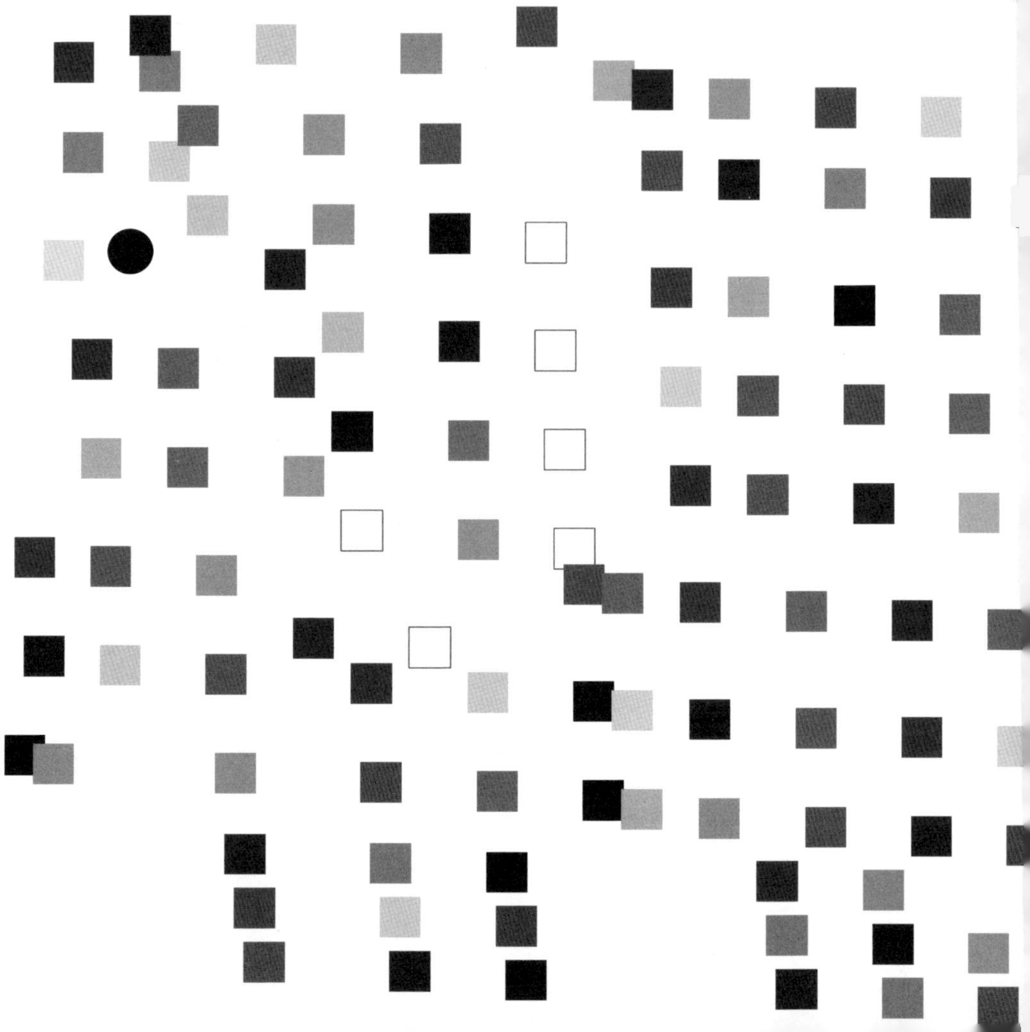

目錄

前言

謝謝你的關注。

這句話本應該放在結尾，但我決定用它做為開頭，因為這本書談的正是難能可貴的關注，所以我想在一開始就感謝願意關注並閱讀這本書的人。

不是我不喜歡那些經典開場白，問題是有一頭犀牛的幽靈盤桓不去，相較於其他威脅，唯獨它在這兩百多年來不斷升級，不僅影響歐洲大陸，而且危及全世界。這個幽靈不在閣樓和地窖裡鬼哭神號或讓門吱嘎作響，它大喇喇地坐在我們家客廳的扶手椅上，泰然自若，不對，它是鬼魂，我們其實看不到它。它出現在我們言談之間，常常出現在我們孩子的課堂上，三不五時成為媒體關注焦點。

但有時候，當這些事人人掛在嘴邊，代表的是無人採取行動。

你們記得偶爾浮現在我們腦中的那些口頭禪嗎？

當這些句子浮現，往往代表大腦某個部分熄燈了，或許是為了節約能源。

「最糟糕的還沒來。」

「是在哈囉。」

「我幫朋友問的。」

以及聽到爛的那句話：「老當益壯，沒有世代交替這件事。」

我們若願意暫時停下腳步冷靜理智思索，可以從下面這句話看出今天大家都認同的一個科學特性，在生活中彷彿幽靈如影隨形，又像是被持續不斷向前踢的鋁罐。

「明天又是新的一天。」

末世論者會說：「前提是還有明天」，整合論者則會從更符合經驗的理智角度說：「說得有道理，但你最好換件輕薄的衣服，因為會越來越熱。」

我說的幽靈自然是全球暖化，這本書也會談到這個議題。

這本書還會談到我們，並且告訴我們，身為地球主導物種的智人享受到權力的滋味後有點失控，有時會跟周圍環境之間有不好的互動，或用專業術語來說，跟周圍環境之間有違反永續精神的互動。氣候問題的結構很複雜，要了解應對氣候問題的行為機制也不容易。為什麼氣候問題如此顯而易見，我們卻不知從何應對呢？因為全球暖化在我們日常生活中，是一個無所不在又若有似無的幽靈嗎？

數年前，新冠疫情爆發前，流行一時的「黑天鵝」這個說法，語出美國數理統計學家納西姆．塔雷伯（Nassim Taleb）的研究報告，指的是那些在還沒有發生前無法預測的事件。這個說法，跟許多其他說法一樣，常常被誤解及濫用。比較不為人知，但絕對更容易視覺化的，是美國學者米歇爾．渥克（Michele Wucker）提出的灰犀牛，指的是發生機率高、會帶來重大後果及影響的事件。

全球暖化和之前的新冠疫情，都是認識灰犀牛這個概念的最佳案例。

我們一如龐貝古城居民，在火山爆發前就知道其威脅性，卻遲遲不採取行動，對我而言，這是一個難解的謎團。

所以在《看不見的大象》一書中，我會深入探究大腦在處理資訊和做決策時所使用的機制，描述各種思維陷阱、認知偏誤和情緒困擾，這些因素以某種方式協同作用，導致全球暖化成為非理性決策下的完美風暴。

先說明一下遊戲規則。我們選擇用語，就等同一種行為和行動，體現的是我們的意識。而我們不談氣候變遷，只談全球暖化。為什麼呢？

因為氣候變遷是常態。

地球是一顆古老的行星，已經歷過無數階段和變化，包括結構性變化。用「全球暖化」這個說法更貼切，可防堵思維上的迴避，也杜絕任何誤解的可能。我們談的是此地此刻正在發生的事：地球平均溫度升高和智人及所謂人類圈（anthroposphere）的活動息息相關。

謹慎處理語言和用語問題不是小題大作，對感知問題及後續如何處理問題至關緊要。

之前我說全球暖化議題雖然人人掛在嘴邊，但無人放在心裡。已故瑞典公共教育家漢斯．羅斯林（Hans Rosling）說，人類經過數百萬年演化，大腦出於本能會把事情誇大。最原始的情緒反應會讓我們陷入所謂的「誇大陷阱」之中。羅斯林在世界各地進行知名的十問測驗，涵蓋以下主題：貧窮、集合、人口成長、自然災害造成的死亡人數。這組問題的答案系統性地（這個詞很重要）顯示出感知上的偏誤和扭曲。事實上，人類對不好的事有更直接明確的感知，展現過度誇大的傾向。

舉一個例子，等下就回到主題。大多數人認為近數十年貧窮問題日益嚴重，但數據顯示結果正好相反，每日生活費低於一點九美元的貧窮人口數正顯著且持續減少。[1]

這類思維陷阱處處可見。面對不確定的未來，我們抱持悲觀傾向。問題是，我們為什麼對全球暖化無動於衷呢？如果感知讓我們意識到大難臨頭，我們應該勝利在望才對。這本書試圖透過一系列複雜因素來回答一個複雜的問題，第一個複雜因素請看第十頁的圖。

我常用這張圖跟學生說明。

這是人生週曆，姑且讓我們樂觀想像可以活到九十歲。

請花點時間觀察這份週曆，專注看著每一個小方格，應該不難看見所有剛剛發生和即將發生的事。視覺化的結果一目了然：要跟上司開會要求加薪，油電混合車最後一期貸款的截止日期，小孩的註冊日。有些人未雨綢繆，已經看到很後面的某個小方格亮燈，那是房屋貸款繳清或三十年公債到期的日子。

但是一般來說，距離今天越遠，那些小方格看起來就越模糊不清，如果想要規劃未來，這份週曆可以說毫無用處。

面對全球暖化及其影響，我們遇到的主要問題之一是，把問題從後果不確定推到未來很遙遠身上，也就是說，因為此時此刻看接下來幾週不會有偶發事件，從而衍生出推卸責任的惰性。

1　一點九美元是世界銀行訂定的貧窮門檻（以美元為基準貨幣換算出各國的購買力平價指數）。

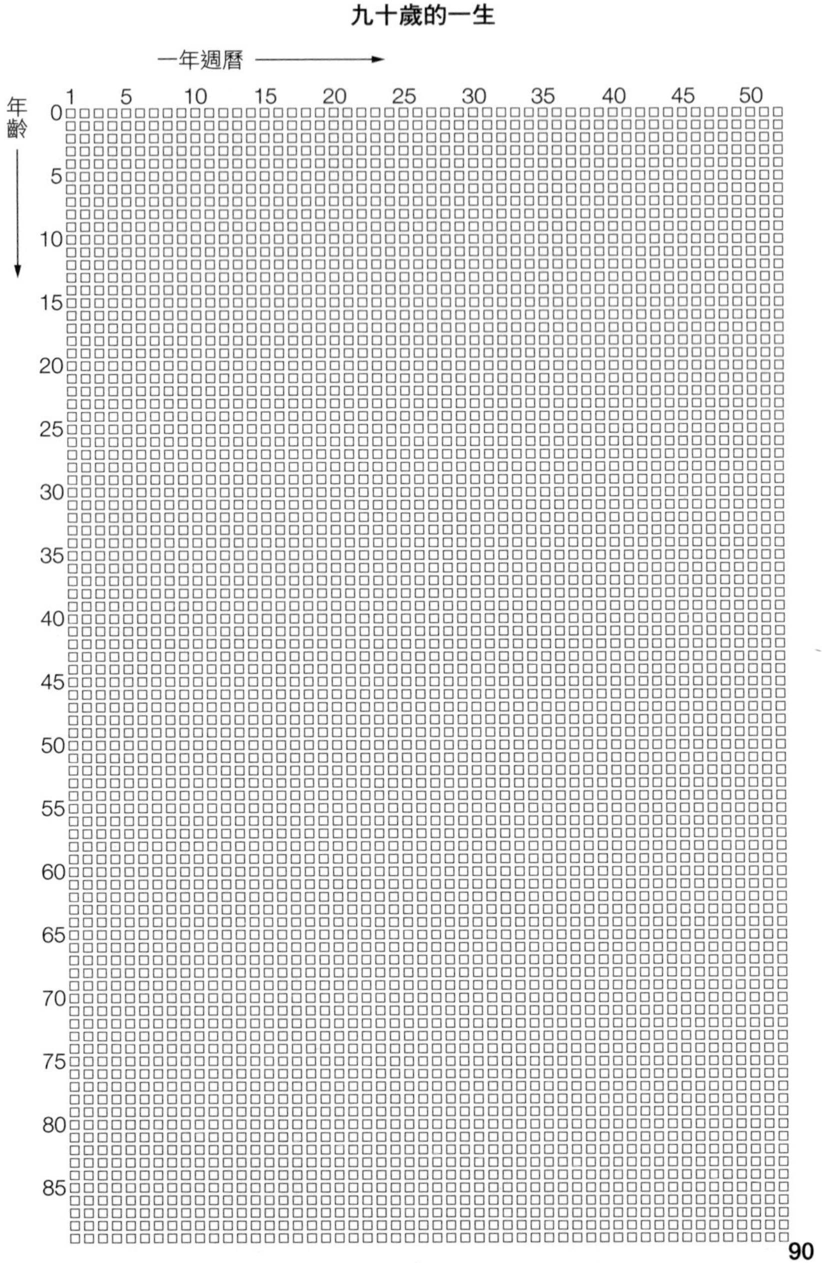
九十歲的一生
一年週曆
年齡
1
5
10
15
20
25
30
35
40
45
50
0
5
10
15
20
25
30
35
40
45
50
55
60
65
70
75
80
85
90

圖一：九十年的人生週曆

將重大問題推開，推向模糊的時間地點，彷彿「誰在乎」的吶喊聲在宇宙中迴盪傳入我們耳中。

說起來很感傷，地球是我們留給孩子的遺產，姑且不論我們是否在乎環境，可是相較於地球平均溫度上升的長期影響，他們對最新款iPhone的需求對我們而言更有急迫性。

我們還得考慮另外一件事，在地球這艘美麗的太空船上，乘客人數即將抵達八十億，這個數字十分可觀，乍看之下很震撼又很和諧，就像在演唱會上，大家情緒激昂對著自己的偶像齊聲高歌。但是人群流動不定、難以辨識，每個人都有他自己的問題和小小園地需要照顧的時候，也很危險。

還可能變成積極冷漠的巨大槓桿。

面對無從迴避的全球暖化和環境災難問題，渺小無能的我能做什麼？如果結局難以預料，我的付出能見效？

這時候誘惑下的機會主義行為就會出現，例如公寓大廈住戶在垃圾集中區發現自己把披薩盒丟錯了垃圾箱，心想：「這麼多垃圾，一點小錯誤不會影響垃圾分類，根本沒差！」

如果迷失在人群中，認為自己的薄弱貢獻沒有明確意義，那麼個人行動變成集體行動的進程就會減緩，被視為無關緊要。但若從正面角度觀之，這就是為何幾乎被當作圖騰的代表人物如瑞典氣候行動家格蕾塔・童貝里（Greta Thunberg）和氣候大罷課運動（Fridays for Future）能夠成功改變惰性，將大眾關注力轉移到意識上的原因。

有趣的是，偉大的傳奇小說《冰與火之歌》（*A Song of Ice and Fire*）也可以用來談全球暖化。雖然它的主題是「凜冬將至」，但是跟現況卻十分相似。外在威脅迫在眉睫，人人都掛在嘴邊的就是異鬼已經兵臨城下。異鬼從何而來，無人知曉，但大家都認為這一切根源始於遙遠過去人類與自然之間終止結盟。《冰與火之歌》影集每一季，都老調重彈「凜冬將至」毫無新意，讓人幾乎忘記這個威脅的存在，就跟全球暖化一樣。每個家族、每個角色都投入各自的權力鬥爭中，以取得權力統領他人。直到最後一季，不同家族才開始合作結盟，共同抵禦異鬼贏得勝利，但是過程中往往因為截然不同的利益衝突，導致聯盟關係極度脆弱不堪一擊。

我們看見自己國家的政治人物每隔一段時間參加多邊國際會議，卻沒有解決任何問題時，要記住整合對立的利益並非易事，尤其是參與談判試圖達成共識的人越多，這件事就越困難。

情緒和情境在影響我們行為中扮演的角色有助於我們釐清大腦的運作方式。美國心理學教授喬納森・海特（Jonathan Haidt）主張大腦是一個器官沒錯，但如果我們談心智，就得跟大腦做區分。他認為我們腦袋裡有兩個主角，這一點跟丹尼爾·康納曼（Daniel Kahneman）的系統一、系統二理念一致，這部分之後會再詳述。系統一是我們的原始心智，出於本能會對刺激做出快速回應，傾向自動化反應。

我如果問你：二加二等於多少？不需要計算，腦袋裡就會跳出四這個答案。系統二是理性認知部分，主要發展策略性思考，以及高難度的選擇。

海特則用了比較鮮明的兩個意象：一是大象，一是騎象人。海特認為大象代表什麼？代表引導我們行為的情緒。大象體型碩大，當牠狂奔時很難讓牠停下來。如果我們預計飛往法國首都的前一天，有班機在巴黎墜毀，那頭大象會失控狂奔，引發我們心中對搭飛機的非理性恐懼。即便數據顯示飛機是世界上最安全的交通工具也沒用，因為剛剛才摔了一架飛機，要重新控制狂奔的大象並不容易，而那是騎象人應該扮演的角色。

如果今天討論的議題是全球暖化，大象和騎象人不一定能完美配合走完那段路，因為會有一連串認知陷阱讓那段路寸步難行。

要對全球暖化發展出積極意識會遇到的其中一個問題是，心智捷徑會帶我們犯錯。維吉尼亞大學幾名研究員對一千五百名受試者做了一項實驗，旨在了解參與者克服障礙解決問題的方法：樂高玩具屋的屋頂結構出現問題，險象環生，有一個迷你人站在屋簷下，實驗參與者接到的明確任務是如何補強結構。實驗結果顯示，大多數受試者傾向於加法，也就是用更多樂高磚加強結構，其實最佳解決方案是拆除支撐整棟建築的地基，因為那才是危險根源之所在。

我們在分析問題和思考可能解決方案時，最常見的就是傾向於用加法而非減法去解決問題。

在朝向永續經濟和生產體系轉型的複雜和不確定過程中，要兼顧景氣繁榮和環境保護很困難，正如同提出中長期解決方案，難免需要做出某些犧牲一樣。環保稅，能源效率和回收再利用文化，都與我們以加號為本的價值體系相衝突。

不過，你們不會在書中看到我對寧靜負成長鼓掌叫好，我認為那缺乏科學依據。我會鼓吹一種需要長遠規劃，與必然導致犧牲和某個程度成本付出的概念組合而成的複雜文化。

就解決方案而言，我認為智人用加法工作的這個傾向，會促使我們徹底改變有關全球暖化的交流溝通方式。擺脫充滿末世和災難色彩的預言式敘事，就策略角度而言，更符合人類社會的運作模式。

不再以「我們都會死」這個預設選項出發去做防禦性溝通，而是提出建設性願景，介紹人與環境良好互動的種種優勢及益處。

美國導演伍迪・艾倫（Woody Allen）年輕時拍了一部絕美的電影《愛與死》（*Love and Death*），謀劃刺殺拿破崙的男主角波伊斯潛入俄國宮廷，大家詢問假裝外交官的他談判和平協議的進度，他的回應成為經典名句：「很好，我們已經談妥所有細節，只剩下主要問題尚待解決。」這句驚人對白正好可以用來說明智人面對全球暖化等挑戰時，所表現的矛盾行為。

《看不見的大象》打算畫出一條路徑，讓大家知道為何智人要改變行為上的惰性如此困難，為何原地踏步沒有前進。每一章都以詳細的科學文獻為本，因此沒有神奇配方，也不見康莊大道，有許多提問和珍貴的數據資料，有根據實證提出的建議，以及知道並承認自己有所侷限的知識良心。

這是我的明確目標，更是我的希望，兼顧實用和愉快閱讀體驗的內容已經準備就緒，我要向所有即將翻開內文第一頁的朋友獻上祝福：地球號太空船要繼續它的寧靜革命之旅，祝大家旅途平安順心。

第一章

數學的複雜性

如何以非二元方式解讀現實

我知道二加二等於四，我還想知道為什麼，不過我得承認，我若能讓二加二等於五，會更有成就感。

這是英國拜倫勳爵[1]於一八一三年寫給未來妻子安妮貝拉[2]的一段話。「複雜性」這個詞彙常常出現在我們的論述中，然而當它對我們的生活造成影響時，要將其視覺化並不容易。但如果轉而討論數學的複雜性，我們打字的同時腦中就能浮現汗水、皺眉頭，或類似選錯書閱讀而感到不適的種種畫面。

討論全球暖化問題，特別是在討論我們做了什麼導致今天必須面對暖化問題，或應該做什麼才能避免其後果時，都不得不面對數學的複雜性，以及數學的複雜性為何帶來所有這些煩惱的疑問。

1 拜倫（George Gordon Byron, 1788-1824），英國浪漫主義代表作家，著有諷刺體史詩作品《唐璜》（Don Juan）等。為支援希臘民族獨立而戰，病逝軍中。

2 安妮貝拉為暱稱，全名安妮・依莎貝拉・米爾班（Anne Isabella Milbanke, 1792-1860），英國貴族千金，自小展現過人智慧，數學天賦尤其亮眼。

要面對它，最好的方法就是拉開距離，而我所說的拉開距離，意思是倒退回數百年前。

說得更清楚一點，要倒退回一五四三年……

那一年德國依然深陷路德教派與天主教會的內鬥中，重浸派[3]在明斯特建立神權政府擾亂局勢，留下暴力和兇殘惡名。不過這不是我們關注的焦點。同年五月底，波蘭天文學家尼古拉．哥白尼的《天體運行論》（*De revolutionibus orbium coelestium*）付梓出版，注定將觸發人類史上數一數二重要的科學革命，史稱哥白尼革命。

如果要為這場革命加上一個形容詞，可以說那是一場寧靜革命，因為當時沒有人意識到地球猶如一艘美麗的太空船，無償載著我們所有人在太空中轉。事實上，等到許多年後，哥白尼那本書的內容才引發騷動。

我對這件事始終很好奇，研究科學史的人都知道，哥白尼於一五四三年發表《天體運行論》，儘管他的主張很清楚，是地球繞著太陽轉，而非太陽繞著地球轉，但當時在科學界並未掀起絲毫波瀾。那是一大變革，卻沒有出現歇斯底里的反應，哥白尼繼續在大學教授他的理論，所有天文學者都可以自由參考他的著作，直到一六一六年為止。引進我們現在使用的公曆「格里曆」（Calendarium Gregorianum），並獲得當時所有知識份子的認同，哥白尼理論扮演關鍵角色。

一六一〇年，伽利略開始大張旗鼓發表他用「眼鏡大砲」觀察到的一項缺乏科學根據的結果，並積極參與所有反對托勒密和哥白尼理論的辯論，堅定不移地捍衛哥白尼，教會才開始採取行動，整個科學界也跟進，讓《天體運行論》於一六一六年被收入《禁書目錄》（*Indice dei libri proibiti*）中。

若從感性角度來看這場革命，歷時七十三年，時間並不短。但你們不覺得這場革命太過平靜無波嗎？而且還是因為各種外在因素才催動這場革命，其中包括伽利略這位義大利天才科學家到處跟人吵架。

所以故事說到這裡，我們要問的問題很簡單：為什麼要花這麼長時間？

答案是，因為哥白尼的書很難懂。

這麼說好了：哥白尼的書提出了很複雜的數學概念，除了少數孜孜不倦的學者外，沒有點燃其他火花。換言之，他提出的概念根本沒有被該看見的人看見。要不是伽利略固執己見加上毒舌又自負，哥白尼的書恐怕還留在原來的地方，在圖書館書架上積灰塵。

3　重浸派（anabaptista，或重洗派）。十六世紀宗教改革運動推行新教時，在瑞士有一派宗教人士認為應在心智成熟情況下自願受洗才得施行浸禮，希望廢除嬰兒受洗，改行成人浸禮，因此被稱為重浸派。有少數激進分子企圖建立聖徒王國，曾以武力占領今荷蘭明斯特（Münster），歷時一年多後垮台。

我們從這個故事得到什麼啟示？

正確理念未必都能立刻被接受並成為共享知識。美國物理學家湯瑪斯．孔恩在《科學革命的結構》[4]中描述典範轉移的過程緩慢，大多是因為學術界抗拒，或因為利益，而執著於先前的世界觀。簡單來說，若是沒有伽利略不顧一切讓哥白尼的主張成為辯論焦點，哥白尼的理論不過是複雜的數學計算結果，只有少數人懂，且只有極少數人認為它會帶來改變。

這跟研究全球暖化有何關係顯而易見，然而我們面對的是一個巨大悖論：三十多年來，科學數據顯示人類活動會增加排放到大氣中的二氧化碳量，這點不容否認，國際氣候變遷專門委員會[5]定期發布的書面報告中有無懈可擊的證據。

矛盾之處在於，科學界除少數或極少數零星聲音（而且往往很難全然擺脫來自既得利益者的不當壓力）[6]，一致認同人類活動與地球平均溫度升高之間存在因果關係。

---

4 Thomas Kuhn, *The Structure of Scientific Revolutions*, Chicago: University of Chicago Press, 1962.

5 國際氣候變遷專門委員會（International Panel on Climate Change）是聯合國世界氣象組織及聯合國環境署為因應氣候變遷問題，於一九八八年聯合成立的跨政府組織，這個科學機構專責研究全球暖化問題。

6《紐約時報》一篇標註#exxonknew的精采文章概要陳述了「『埃克森』早知道」運動。

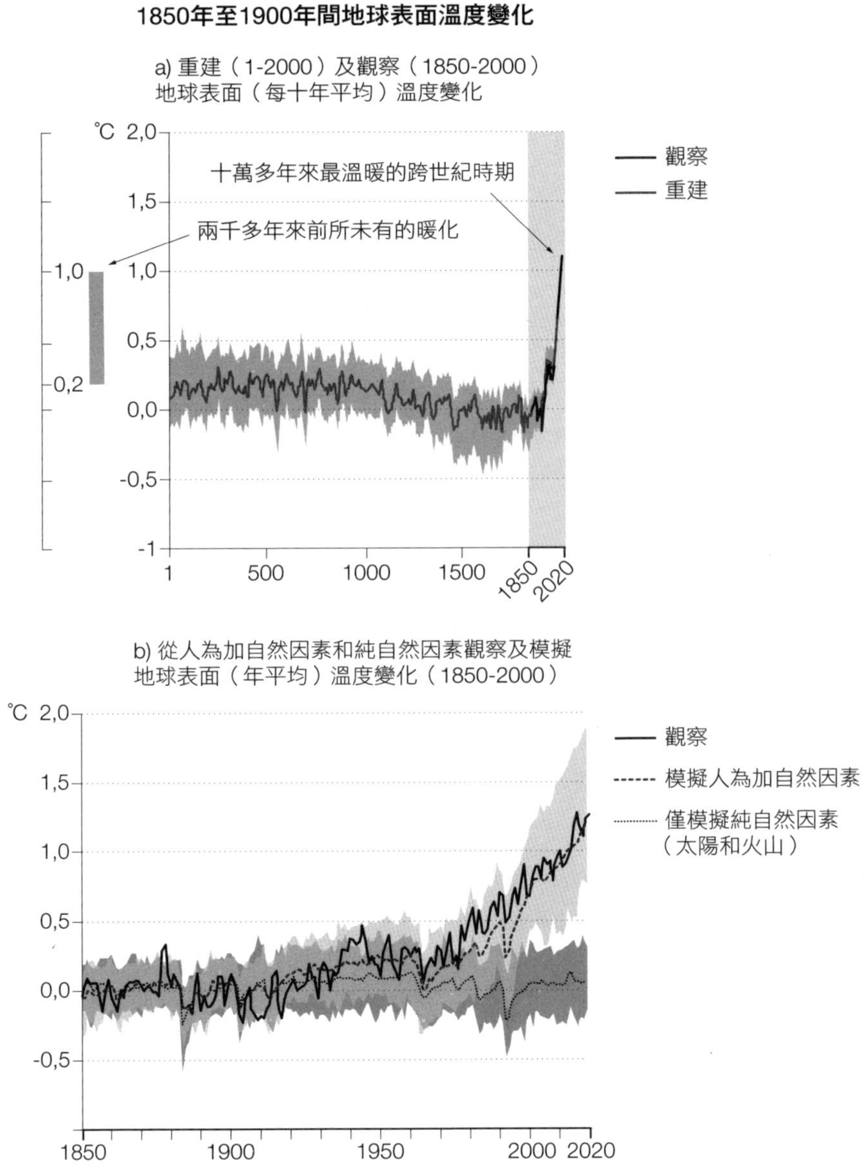

圖一：引自國際氣候變遷專門委員會第六次氣候變化物理報告。上圖是從西元一年到今天所紀錄的平均溫度上升情況；下圖是自然因素（不涉及人為介入）和人為因素所造成的溫度上升對照。

由於報告會持續更新，所以只需要推算從此刻到二十一世紀末的數字即可：最可能的情況是，自今日到西元二一〇〇年，地球平均溫度將上升三度，除非採取大規模具體干預，減少向大氣排放溫室氣體。

以下兩段話，引述自國際氣候變遷專門委員會於二〇二一年八月公布的《氣候變遷：物理科學基礎報告》[7]：

「毫無疑問（注意這個詞），人類介入導致大氣、海洋和陸地暖化。大氣、海洋、冰凍圈和生物圈都發生了廣泛且快速的變化。」

「近年來地球上整體氣候系統的變化規模及該系統許多面向的現況，在之前數百年甚或數千年間，從未經歷過任何類似狀況。」

這兩段話可寫入經驗證據史書之中。至於瑞典氣候行動家格蕾塔．童貝里（Greta Thunberg）和氣候大罷課運動（Fridays for Future）展現的媒體力量雖然就諸多角度而言大不相同，與伽利略帶來的破壞效應倒是不相上下，儘管社會各界、經濟界和製造業對此消極抵抗，依然讓全球暖化問題成為討論核心。我們今天之所以抗拒改變，主要是因為難以理解究竟改變會對我們的生活帶來怎樣的衝擊，十七世紀的亞里斯多德學派便是先例。

氣候模型的複雜性若停留在紙上談兵，就沒有非得把實現脫碳社會訂為目標的具體理由，也沒有讓人煩惱的《禁書目錄》，因為複雜問題本身具有難以變更的偶然性，而這跟我們每天都得做出各種決定的實際生活距離太過遙遠。

大家之所以無感，數學的複雜性功不可沒。我無意對此多作解釋，因為我不是數學家，但我想強調這其中涉及認識論，相對而言更不利於我們意識到問題，而且會讓我們無法選擇。接下來，我會介紹關於全球暖化數學建模的幾個特性，正是因為這些特性才使得我們無法清楚感知到問題所在。

複雜系統的幾個元素

當我們談到複雜性，系統這個概念會挑戰我們的直覺。

系統是一個有趣的數學客體，有三個基本組成部分：

7　完整報告請看 https://www.ipcc.ch/report/ar6/wg1/

一是構成系統的元素：系統之所以稱為系統，是因為其本質乃由元素構成。例如森林這個生物系統中的樹木、我們身體裡的器官，或足球隊的球員。

二是元素之間的互聯性：一個系統內的元素是互相連結的，也就是說球隊中的球員透過遊戲特定的傳球網絡建立系統。或是呼吸系統各個器官共同合作，吸入氧氣，排出二氧化碳，讓我們身體的生命機能正常運作。樹木是森林這個綜合生物有機體的元素，它們透過地下密集的樹根網絡交流。

三是目標：每個系統都有一個目標或功能。足球隊的目標是贏球，班上學生（及老師）的目標是學習。身體器官的功能是各自發揮作用好讓人類能健康生活（及運作）。

若從數學角度看系統，很可能會搞錯，把花視為一個集合，而組成花的每一片花瓣各自獨立。

有個故事大家耳熟能詳：一頭大象走到某個印度村莊，幾名盲眼智者認不出那是大象，因為每個人只觸摸到象的一部分，對摸到大象耳朵的人來說那是一把扇子，摸到象牙的人認為是一支長矛，摸到尾巴的人說那是一條蛇，摸到身體的人說是一堵牆，摸到象腿的人覺得是一根柱子。

這是視覺系統或完形心理學[8]的最佳隱喻：整體永遠大於其部分的總和。問題是，你若是整體的一部分，就很難察覺元素間的互相依存性。

你報名上瑜珈課，其實你並沒有強烈意願，這麼做是出於為自己好的慣性。某一天，你上了整天班之後，很猶豫要不要去上課。那個選擇當然與個人行為有關：你很累，壓力很大，第二天又是辛苦的一天。然而做選擇的除了我之外，還跟社會科學文獻定義的我們的理性[9]有關：理性選擇不只是個人選擇，也是集體選擇，因為做選擇的人是複雜系統（報名瑜珈課的所有學員）中的一部分。說不定如果當天出席的人數超過一定門檻，你就會決定去上課，不過這個選擇也有你的個人因素在內。

一個複雜系統的本質是流動的，因此很難精準辨識哪個事件歸因於系統中哪個元素。當我們審視氣候系統時，由於此系統是由大量變數組成，而這些變數之間的關係是動態的，很難以是／否或二分法去解讀。毫無疑問的是，氣候系統正面臨因人類活動引起的暖化問題，

8 完形心理學（Gestal Psychology），二十世紀初興起於德國的心理學派，不認同知覺是所有感覺相加的總和此一觀點，認為學習是對情境整體有組織的反應過程，而情境是一個動態的「完形」。

9 Robert Sugden, Martin Hollis, «Rationality in Action», *Mind. New Series*，一九九三年一月，405期，頁1-35。

但其實這個系統中有某些元素同樣會導致溫度升高（地球表面的攝氏溫度升高），另外有一些元素則會導致地球冷卻（吸收太陽輻射的氣溶膠）。

氣候模型之所以複雜，是因為它不會、也無法提供準確的預測。而我們清楚知道結構不確定性是破壞人類吸收、解碼訊息的有限能力的因素之一，這部分之後再進一步討論。

氣候系統的複雜性也在於物質存量和物質流量之間的區別常常被忽略，但是當我們討論溫度，或討論大氣中二氧化碳濃度（百萬分比）時，這一點至關緊要。

存量是隨著時間推移而累積的數量，至於流量，顧名思義，是流動的。這時候我們可以用浴缸來做說明：

浴缸有水龍頭可以打開或關閉，水流是動態的；有排水管，代表可以將水排放出去；浴缸本身可以儲水，也可以淨空。

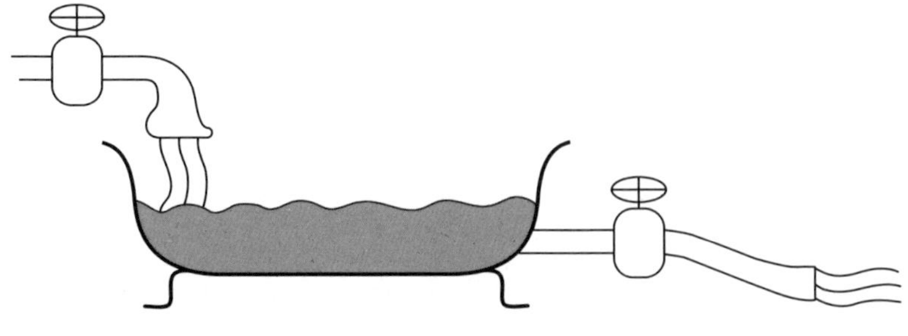

圖二：用浴缸的存量和流量來做比喻。

這張圖清楚展現了氣候這個複雜系統，以及二氧化碳和改變氣候的溫室氣體在大氣中所扮演的角色。碳循環確實錯綜複雜，以下僅列舉幾個主要過程：空氣中的二氧化碳分子可以被生物圈或海洋吸收（也可以被釋出），可以被雨水沖刷後與碳酸鹽岩發生反應，之後再經由生物地球化學過程自海洋的表面層沉澱到海底（再一次被吸收），可以與火成岩發生反應，然後重新排放到大氣中。我無意讓讀者灰心喪志，不過，部分被釋出的二氧化碳可以循環數千年之久。

也就是說，面對全球暖化問題，我們不僅要讓水龍頭的出水速度放慢（減少企業和身為消費者的我們在生產性經濟活動中製造的二氧化碳量），還要讓二氧化碳的淨排放量歸零，這是二〇五〇年的「淨零排放」（Net zero）目標，注入浴缸中的水應該跟排出去的水等量。除了這個最基本的集體行動外，我們還需要思考如何排空過程中不斷在浴缸中累積、會引起氣候變遷的其他溫室氣體，因為長此以往那些氣體會持續產生影響。這個概念框架，以及發展可以捕捉並封存大氣中二氧化碳的所有科技，就是「碳積極」（Carbon positive）。

每當系統問題出現分歧，面臨諸多抉擇時，我們會從心裡抗拒，甚而傾向放棄，這時候最好的評語是帶點嘲諷但簡潔有力的：這件事很複雜，是數學問題。

非線性

數百萬年來，人類大腦以非常精妙的方式進化到讓我們可以做出令人讚嘆的事，並藉由我們最擅長的流言蜚語能力，成為優勢物種。簡而言之，我用以色列歷史學家尤瓦爾．諾瓦．哈拉瑞（Yuval Noah Harari）提出的論點為例：群體內部的故事分享正是人類社群的起源。當群體將所有規則和資訊放入系統中（請注意，「系統」又出現了），群體就具有社會性。而說故事自然會帶動消化故事必備的某種大腦能量生態需求（關於這一點，我之後再說明），簡單來說，這句話的意思是，人類喜歡線性。

如果在空間中有兩個點，連結兩者之間的那條線會立刻吸引我們的注意，讓我們為之著迷。線性的數學非常簡單，就像是把相距遙遠的兩個點連結起來的一則故事。高中課程很快就會教直線方程式，我們也常常把這個方程式應用在不同地方。問題是生活中的事件或過程發展往往都不是線性的。

經濟學研究收入和幸福感之間的關係時，結果顯示兩者是正相關，但不是線性關係。如果一個人的收入增加以一單位（一歐元、一美元或作為研究對象的任何貨幣）計算，到某個程度之後幸福感不會呈線性上揚，因為其他因素會介入，改變兩者之間的關係。

當流行病病毒在容易被感染的人群中擴散，其傳染數量的成長不是線性的，而是指數的。如果加護病房的床位數量是按照非緊急情況下擬定的感染管制策略規劃，而疫苗的接種率呈線性成長，那麼從數學角度來看，除非能夠阻斷病毒傳播，否則流行病勢必會在未免疫人群中傳播開來。非線性的指數動態既讓人著迷又叫人恐懼，就像眾所周知的那個西洋棋故事一樣，以下是故事諸多版本的其中一個：

當來自遠方國度的使臣向國王展示西洋棋時，看著棋盤的國王困惑又好奇。在聽完遊戲規則並試著下了一局棋之後，二人便沉迷其中，徹夜對弈。法老王雖然屢戰屢敗，但是他領略了西洋棋之美，也明白對手棋藝高超。於是他為了表達感激之意，不顧自己的敗績，要使臣許願，並承諾無論對方的願望是什麼，自己一定會兌現。使臣的回答很奇怪，他只要求在棋盤第一個方格內放一粒米，第二個方格內放兩粒米，第三個方格內放四粒米，以此類推，每往下一格就放加倍的米，直到第六十四格為止。

國王認為對方的願望微不足道，立刻命令財政大臣照辦，以滿足這個十分謙遜的要求。

財政大臣耗費一個多星期的時間進行計算，最終得出一個天文數字。他進宮向國王回報：「不僅全國的稻米年收成無法滿足使臣的願望，全世界的年收成也不夠，即便是全世界接下來十年的收成，依然不夠！」

那我們就一起來算一算吧。第一格一粒米，加上第二格兩粒米，加上第三格四粒米、第四格八粒米、第五格十六粒米以此類推。如此加倍計算，直到必須放入「二的六十三次方」粒米的第六十四格。全部加總起來的數字是：

$$1+2+2^2+2^3+24+\cdots+2^{63}=2^0+2^1+2^2+2^3+2^4+\cdots+2^{63}=$$

18,446,744,073,709,551,615

也就是一千八百萬兆。

重量接近一兆八千億公噸，是全球整整三千年的稻米產量。

非線性之所以可怕，是因為它就像我們看到的這個故事，會讓人覺得詫異和驚慌，換句話說，讓我們的思維脫離舒適圈。在氣候系統中，非線性是常態，因為系統變數產生的變化會作用在另一個系統變數上，以出乎意料的方式加快進程，因此冰凍圈變薄的速度其實在持續加速中。

然而我們傾向於相信每升高攝氏一度的結果皆相同，不管升高的區間是在零到一、一到二或二到三。事實上，氣溫在第一個區間升高一度，和在後面兩個區間升高一度的結果不必然相同，這正是因為氣候系統中不同元素互相依存造成的非線性可能會衍生突如其來、出人意表的變化。

因果關係

如先前所說，自從智人在地球上遷徙後就開始說故事。故事和神話的傳承，一直是我們人類分享知識的方式之一。且讓我們跳過蜿蜒曲折的古代宇宙學，快速推進到現代，我們可以簡單說，透過敘事去認識世界是人類本能。

這個特性與特質跟上一段談到的線性同時存在，不幸的是，若從統計學角度來看，這是導致我們精神出現問題的其中一種嚴重的大腦調控落差。我們可以反覆說現實很複雜，或解釋說一個現象的動態背後有多重因素，但我們每個人的本能其實很簡單。事關心理資源的生態研究，我們還是藉由說故事快速將重點串聯起來吧。

美國心理學家羅伊．鮑邁斯特（Roy Baumeister）就他自己提出的「自我耗損」理論（ego depletion）[10]進行了幾項實驗。參與實驗者被要求解幾道數學題（為方便起見，假設是數獨好了），或被要求做某些認知實驗，人待在擺放巧克力的房間裡堅持解題不放棄的時間相對於待在擺放蔬果的房間裡堅持解題的時間要來得短。為什麼？因為美食會激發欲望，而當我們試圖抵抗誘惑的時候，會消耗我們的大腦能量，使其枯竭。

利用說明式敘事簡化複雜過程，也會在我們試圖解讀現實而面臨現實給予我們挑戰時，減少認知努力。這會導致某種失真，我們對此有多種講法，例如「後此謬誤」、「相關不等於因果」，以及「偽關係」。

當我們看到兩個現象先後發生，往往會傾向於將第二個現象解讀為第一個現象的結果，即使兩者之間沒有明確的因果關係。必須釐清因果關係，是物理學及其普適定律被視為高難度學科的原因，也是許多人對自詡為社會科學的經濟學和心理學嗤之以鼻的原因，因為經濟學和心理學處理的是只有大小的無向量（例如人），介入現象的方式不可控或無法預測，視辨別因和果的實證練習為一艱鉅任務。

並非不可能，只是難度很高。

我隨機引用「偽關係研究案」（*Spurious Correlations*）[11]中的一個例子，看看試圖為迴避複雜性的種種作為辯解，是多麼引人發噱：

倒楣的尼可拉斯・凱吉或許對某些人而言稱不上多麼了不起的演員，但他肯定跟美國在泳池中溺斃的人數無關。

你們或許會一笑置之，心想在圖表中看似有完美因果關係的兩件事是刻意的選擇，跟我們做出什麼決定無關。但如果我們拿小孩接種疫苗後被診斷出患有自閉症，以及有人領取失業救濟金後找到新工作為例子，就更容易理解這個問題的微妙之處。

10 Roy F. Baumeister, Ellen Bratslavsky, Mark Muraven e Dianne M. Tice, «Ego depletion: Is the active self a limited resource?», in *Journal of personality and social psychology*, 1998, vol. 74(5), p. 1252.詳細資料請參考網站：https://www.stateofmind.it/2017/10/ego-depletion-autocontrollo-rimuginio/

11 該研究案有一個非常棒的網站，多元案例不但饒富意義，也非常有趣。

圖三：偽關係研究案網站中關於偽關係的其中一個例子

如果實驗不夠嚴謹，缺乏除了必須排除的特徵（接種過疫苗或領過國家發放的救濟金）外所有條件都相同以便驗證結果（前者被診斷出自閉症的概率，和後者失業找到工作的概率）的兩個對照組，那麼原本簡單的相關性就有可能在解讀現實時產生巨大雜訊。其實在我們大腦洞穴中始終有一個侏儒，試圖對一連串事件做出衝動反應，認定在兩者（或多者）之間存在因果關係。

理解複雜性不是智人與生俱來的特質，需要經過訓練和教育，還需要大量學習研究和理智謙遜。

再說一次，氣候系統及所有氣候現象之間的相互關係、氣候變化的非線性及同時間競相起作用的多重因素，都不該以流於簡化的方式去解讀。儘管如此，當春天明明已經來臨，卻突然降溫結冰，破壞了你的周末海邊計畫，你心中還是有可能冒出一個念頭，想要站在屋頂上對全世界大喊：

「不是說全球暖化嗎？」

儘管大量數據顯示，相較於前幾年，平均溫度確實在上升，包括這個莫名急凍的春天也不例外，但你不會去檢查任何數據，或不覺得有檢查數據的需要，你就是想要放聲大喊。

你們可以在心裡做個實驗，假設發生一件類似的事情：你是通勤的上班族，每天都搭同一班火車，於是你習慣在火車進站前幾秒鐘站起身，往出口方向走去。這時候火車停下來，你下車，日復一日皆如此。

現在請你回答這個問題：「火車停下來是因為你站起來，還是因為火車抵達火車站？」

請大家謹慎回答。

結構的不確定性

還有一個實驗應該會很有趣：我們若把國際氣候變遷專門委員會那份報告內容放入某個線上文字雲產生器中，就會出現下圖的文字雲。字體越大代表使用頻率越高。

在介係詞和物理氣候學專有名詞之外，最常見的文字是「信心」、「可能」、「高」、

圖四：二〇二一年《氣候變遷：物理科學基礎報告》文字雲

「中」、「低」、「可變性」、「預測」和「情境」。

氣候系統的複雜性，加上氣候變化的非線性及辨識明確因果關係的難度，一起確立了本質令人討厭的這個數學的最後一個元素：結構的不確定性。

人類不喜歡風險，也不喜歡模稜兩可。人類不喜歡跟科學知識的其中一個關鍵原則打交道，那個原則就是不確定性。

任何結構不確定的事物，不僅有損做確定性預測的可能性，而且既然定義不明，就結構而言，也永遠不可能是是或否，開或關的二元概念。

當我們思考氣候和全球暖化問題時，我們必須盡可能心平氣和地面對機率判斷的錯誤和流動性，沒有「我們必須在二〇五〇年之前阻止不可逆轉的變化」之類的截止日期，而是要從數據出發，並持續更新知識和經驗基礎，以此做評估。

我們要接受犯錯的可能性，更重要的是拋開「絕對不會失敗」的無用概念。科學知識固然強大，但它無法避免跟結構不確定的世界打交道。

換言之，我們無法將拼圖一口氣全部歸定位，但我們可以合理推測出大概的畫面，英文說法是，可以窺見「大局」（big picture）。

我們的思慮或許未臻完美或未盡其功，但就像是英格蘭詩人威廉・布萊克（William

Blake）題獻給老虎的那首美麗抒情詩，從這行詩蜿蜒滑向另一行詩的互相應和讓人昏昏欲睡，直到「是怎樣的神手或天眼」（What immortal hand or eye）和「燃燒著煌煌火光」（Could frame thy fearful simmetry）之間出現強烈對比，於是有了轉折：那不存在的韻腳，是完美的不和諧。

氣候的數學就像是懷抱景仰之情，一心一意硬是要為已經完美的對稱協調套上框架。

第二章

因應未來

學習先見之明的算術

未來很快就會變成過去
——喬治・卡林

快點，快告訴我，好讓我疾振雙翅
像思想或像愛意那樣飛馳，
奔去復仇。

哈姆雷特王子用這幾句話召喚父親的鬼魂，希望能撥開籠罩他心靈、阻礙他行動的疑雲。要殺，還是不要殺叔父克勞迪呢？

這是個問題。

事實上，你若仔細看，從悲劇故事一開始，莎士比亞筆下這位悲劇英雄就已經掌握了日後執行復仇計畫所需的一切有用資訊。叔父下毒殺害了他的父親，沒有任何需要追查的懸疑之處。

但就是從這裡開始，在文學史上最精采的人物哈姆雷特困惑的心中，展開了一段既疲累又美好的旅程，充滿猜忌和瘋狂，直到最後以鮮血和暴力收場。

若從現代戲劇和電影的角度看，這部作品好的不得了。但想到這齣悲劇中有那麼多人死得冤枉，似乎沒有那麼好，例如倒楣的波隆尼爾，這位大臣心胸狹隘又懦弱，但不該因為丹麥王室內部紛爭而死於刀下。還有無辜的奧菲莉亞，她是充滿怨恨和絕望的愛情故事裡的受害者。

在探討心理的文學作品中，哈姆雷特自然是猶豫不決的代表人物，若用行為學的術語來說，他的問題是惰性和拖延。讓哈姆雷特王子處於逆境的原因不一而足：瘋狂狀態蒙蔽了他的認知能力，被情緒牽引，讓他在抉擇時無法保持全然清醒；他有道德顧慮，例如有一幕他的叔父克勞迪獨自一人祈禱，近距離的哈姆雷特只要拔劍就能一擊得手，但他沒有復仇，因為他認為不該在對方如此虔誠之際犯下罪行（最好是在叔父作惡時動手）；而且他有疑慮，沒有十足把握，因為父親的鬼魂有可能是他的幻覺，所以或許不該把父親所言當作真理。

哈姆雷特的遭遇在人的一生中並不罕見，即便事情沒那麼複雜，但也常常難以痛下決心擺脫困境。

所以，雖然丹麥很清楚自己身陷泥淖，或許原因是雪融得太快，但無論是丹麥的國民、企業或社會，在採取行動減緩全球暖化問題上，始終欲振乏力。

在這件事情上裹足不前的拖延態度，主要涉及不容小覷的經濟問題，與我們的未來有關：有沒有辦法找出正確的資本成本。

有句流傳數百年、展現人民智慧的諺語說：寧可今天有顆雞蛋，勝過明天有隻雞……

現代智人的大腦給了這個說法最佳解釋：穴居時代，無論是依靠狩獵或採集為生的人，內心深處只擔心一件事：找到食物才能活到第二天。面對如此嚴苛的生存條件，很難有心力做長期規劃。即便時隔數百萬年，我們作為那個原始計畫執行者的後代，可以清楚看到現在（或我們認為是現在的時間範圍內）發生的事，但若事關相對遙遠的未來，就很難看清。我們難以抗拒高熱量奶油甜點的原因之一，是我們無法預見吃完之後會增加多少體重，也無法看到第二天早晨健身時要多辛苦才能燃燒掉囤積的脂肪。

為什麼很多人幾乎不存錢？因為他們清楚看見今天有多少錢可用，無法體會如果有儲蓄，就算金額不多，但未來更安心的好處。刊登在社會學重要期刊《消費者研究雜誌》[1]上的一篇論文，討論的正是這個機制。研究人員進行的其中一項實驗，是向兩組印度農民推出為期半年的儲蓄計畫。計畫內容相同，只有一個要素不同：第一組在六月收到儲蓄計畫提

1 Yanping Tu, Soman Tilip, «The Categorization of Time and Its Impact on Task Initiation», in *Journal of Consumer Research*, 2014, vol. 41(3), pp. 810-822, DOI:10.1086/677840.

案，於同年十二月到期；第二組在八月收到儲蓄計畫提案，隔年一月到期。數據顯示第一組的儲蓄金額遠高過第二組，解讀結果是對儲蓄者而言，十二月仍屬於當年，所以被視為距離「現在」不遠，而隔年一月是「來年」，這個名詞感覺起來距離較遠。

哈利波特迷可以輕而易舉在《哈利波特》系列小說《火盃的考驗》找到這個模式：神祕的金蛋內有三巫鬥法大賽新任務的線索，哈利波特的表現就是典型的懶惰學生，拖到認知刺激發揮作用的最後一刻才開始行動：因為聖誕節快到了，眼看這一年即將結束，而我們這位英雄還沒能解決困擾他的那個謎題。所以是對假期的渴望喚醒了我們的需求，同時推動劇情前進。

拖延症屢見不鮮，例如讀書，還有準備考試，或是接到交付下來的工作。只要時間還早，我們的大腦就會開始評估工作量該如何分配最好，請看下頁條形統計圖一。

然而事實上我們的努力往往更接近圖二。

著名漫畫《凱文和跳跳虎》（*Calvin and Hobbes*）其中一則也可以作為佐證。凱文悠閒地在沙灘上玩耍，他的好朋友跳跳虎問他：「你想好要寫什麼故事了嗎？」凱文邊玩邊回答道：「還沒有，我在等靈感。創意不是開關，隨時想打開就打開，你要有感覺。」跳跳虎逼問他：「要有什麼感覺？」凱文的回答堪稱經典：「截稿前一刻的驚慌。」

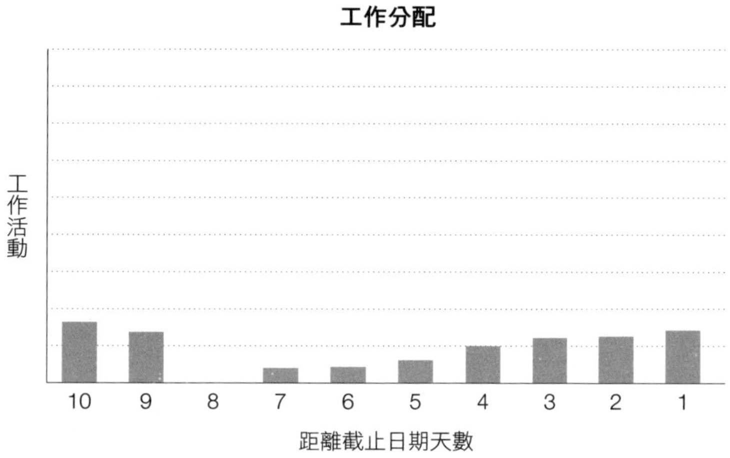
工作分配
工作活動
10
9
8
7
6
5
4
3
2
1
距離截止日期天數

圖一

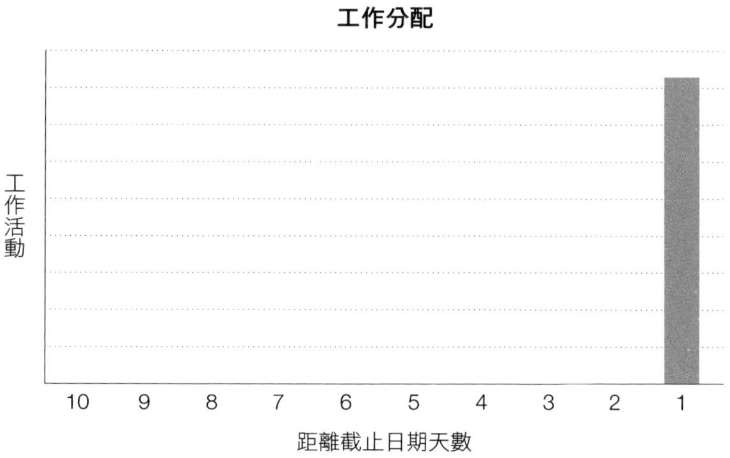
工作分配
工作活動
10
9
8
7
6
5
4
3
2
1
距離截止日期天數

圖二

全球暖化問題，特別是今天智人並未認真面對這項艱鉅挑戰的惰性問題，跟前面舉的例子屬於同樣的思維陷阱。

麻煩的是，我們作為人類這個複雜系統中的個體元素，需要做大量的、互相牽引的決定，以至於全球暖化的未來這個概念顯得更加模糊不清。你們若回想本書前言提到的九十年週曆，要為暖化做出決策和時間規劃顯然更不容易。

當我們對未來缺乏清楚認識時，要做出有關於未來的決定並不簡單。大腦運作會讓我們馬上意識到哪些事能讓我們立刻受惠，哪些事是之後才會帶來好處。再加上，隨著生活水準改善，我們每天在或多或少有意識狀態下做選擇的難度和複雜度不斷增加，情況也就更錯綜複雜。

「複雜」的拉丁文是cum-plicato，意思是「有皺褶」，就像一件皺巴巴的襯衫，穿在身上不舒服。問題在於找到正確的熨斗以簡化需要我們做決定的情境。

預測未來不是人類DNA固有的能力，需要經過訓練。我們再做一次大腦實驗：想像一下我出現在你家門口，帶著這本書當禮物，告訴你說還有一個附加禮物：

「除了這本書，你可以選擇現在收下五粒裝的巧克力一盒，或是等一個星期，收到十粒裝的巧克力一盒。」

你會怎麼做？

沒有標準答案。很多人決定再等七天，也有人比較沒有耐心又嘴饞，選擇立刻收下禮物。

這個實驗的另一個版本是，我帶著這本書出現在你家門口，這回的附加禮物條件不一樣：

「除了這本書，你可以選擇一年後收到五粒裝的巧克力一盒，或選擇一年又一個星期後，收到十粒裝的巧克力一盒。」

再問一次，你會怎麼做？

我相信絕大多數的讀者遇到這個情況，都會毫不猶豫選擇收到十粒裝的巧克力，因為兩個提議本質上並無不同。無論是第一個或第二個實驗版本，收五粒或十粒巧克力的差別在於是否可以多等一個星期。問題是從今天算起等一個星期，在我們看來，跟一年後算起等一個星期，感覺上不一樣。

你若曾收過Smartbox禮物盒[2]，就會知道這種評估錯誤很常見。禮物若是一本書，書的

2　義大利Smartbox集團推出的禮物盒，可根據送禮者需求類別，包括生日、周年紀念、婚禮、表達感謝等，提供服務性質的禮物選項，如兩天一夜莊園之旅、六次Spa療程等。

內容是你可以在接下來十二個月挑某個周末預約做指壓按摩療程的選項，我們的大腦會非常放鬆。我們覺得一年很漫長，但是如果能慢條斯理在週曆上挑選好日子，一年就不再是問題。於此同時日子一天天過去，一週一週過去，轉眼好幾個月過去了，常常發生的情況是你拖到最後才去預約（所餘選項不多），或甚至得向 Smartbox 要求退費，因為禮物已經過期。

我們做決定缺乏遠見，因此不大在乎明天，這背後主要有兩個因素。一個人會選擇立即擁有一切，是因為他知道等未來那天來臨，他可能已經不在了。舉例來說，我若知道自己生病，存活率不大可能超過十年，那麼從理性角度看，不難理解我會做對自己有利的選擇，因為我唯一的目標是在最短時間內獲得最大資源。另一方面，這種迫不及待很可能是因為曲解了未來這個概念，從經濟角度看，是過度重視現在，看輕了會發生在遙遠未來的事。

但全球暖化是一個極為重要的議題，對此展開了各種大型研究計畫，其中斯特恩報告[3]提出了一個參考數據。經濟學家尼古拉斯・斯特恩當時受英國政府委託，以貨幣角度做量化科學研究，分析氣候變化造成的經濟損失。這份報告於二〇〇六年公布，指出每年必須撥出全球國內生產毛額的百分之一至二（大約八兆美金）來避免氣候變遷造成的損失，因為氣候變遷的損失金額可能高達總生產值的百分之二十。

再說一次，這是今日與明日之爭，事實上，相關論戰中最有爭議的一點，是報告中與跨期選擇有關的估算：要給予未來多大的權重？尚未出生的世代與現在生活在地球上的世代，兩者的福祉孰輕孰重？

這些問題很難回答，在這個即時享樂為主流的世界裡，要清楚定義不明確的未來很不容易，更何況我們做出許多選擇的目的是為了求快，因此有時甚至會做出衝動選擇。

舉例來說，數位平台世界的建構是以滿足即時性這個概念為本，那些按讚和愛心在二十四小時後就消失，所有喜怒哀樂都被忘記。網路購物體驗旨在儘可能減少觸及瞬間和決定購買之間的摩擦，也就是縮減完成某個操作所需的時間長度。

了解這些互動平台的設計很重要，因為我們每天的生活都與之息息相關，而且讓我們在做選擇時面臨更多挑戰。

本書最後幾章，我們會試著從行為設計角度介入，看是否能糾正我們的判斷錯誤，或至少讓我們意識到自己面臨哪些思維陷阱。其中一個方法是利用獎勵，因為我們今天往往只擔心違反規定的行為會受到懲罰。行為學中的「獎賞替代」（reward substitution），可以用「糖衣砲彈」這個說法來解讀，意思是遇到我們通常不喜歡做的某件事，就附加犒賞或獎勵。舉

---

3 完整報告共七百頁，請看下方連結：https://www.lse.ac.uk/granthaminstitute/publication/the-economics-of-climate-change-the-stern-review/.

例來說，我們不喜歡燙襯衫（別忘了，凡事需要簡化），可以一邊燙襯衫一邊看某部我們特別喜歡的電影。

簡而言之，得讓晦暗不明的明日更吸引我們的注意，將它轉化成我們覺得並不遙遠的時間，或至少讓我們做選擇時無法對它視而不見，因為明日很重要。就像先前提到想趕在年底前（而非隔年一月）完成儲蓄計畫的印度農民，突然意識到截止日期在六個月後，其實並不遠。

回頭說看電影。想像一下，某個下雨的漫長周末，你們打算賴在沙發上看Netflix。如果你們是每晚坐下來打開電視前才決定要看什麼，那麼你們很可能會選擇比較輕鬆的電影類型：浪漫愛情片、喜劇片、動畫片或科幻片，簡而言之，要滿足即時性。

儘管你可能更喜歡文藝片，或是庫柏力克和阿巴斯·基阿魯斯塔米等大師作品，但追求即時的快樂很可能會勝過選擇文藝片的認知努力。但是如果你跟你的伴侶很早就開始討論即將來臨的週末三個晚上的觀影清單，那麼選擇嚴肅題材電影的機率就會大幅提高。

另外一個案例研究：我午夜時分上床，設定鬧鐘六點起床，準備出門運動以消耗先前提到的奶油甜點的熱量。當鬧鐘響起，啟動貪睡功能，推遲五分鐘、十分鐘、二十分鐘，到最後放棄運動跑步念頭的那個人，跟我不是同一個人。

撇開讀者的宗教信仰不談，我想以聖經為例。亞當和夏娃的故事說明對未來若做出錯誤判斷，可能導致大災難。我們的祖先因為等不及，想要品嘗蘋果的滋味，失去了擁有天堂和永恆喜樂的權利。

面對快樂這個微妙議題，美國社會心理學家丹尼爾・吉伯特（Daniel Todd Gilbert）[4]的實驗結果顯示，某些行為面向很可能會加劇我們在談的惰性問題。你們有沒有看過被診斷出患有重病的患者，在數個月後接受訪談時宣稱那是他們人生中最美好的事？有沒有看過年輕時在甲級球隊表現出色的球員，在乙級比賽迷失方向，卻在地方球隊當教練時找回熱情？還有那些散盡數百萬歐元財富，在自給自足的隱居生活中找到快樂，媒體報導稱他們為自助和持續追求卓越的典範人物的故事？

最有趣的莫過於吉伯特教授自己說的一個故事：皮特・貝斯特（Pete Best）是披頭四樂團第一任鼓手，但唱片公司更喜歡林哥・史達（Ringo Starr）因此把貝斯特換掉。多年後，這位不為人知的音樂家兼製作人告訴記者，離開披頭四讓他成為世界上最快樂的人。

---

4 吉伯特在TED做了一場很受歡迎的演講，下方連結有精彩片段：https://www.ted.com/talks/dan_gilbert_the_surprising_science_of_happiness?language=it.

如果有外星人降落在地球上，僅憑上述舉例去了解人類社會的話，他帶回太空船上的「黃金法則」應該是：

1.要罹患致死率高的疾病；
2.要虛擲才華，千萬不要當運動明星；
3.要累積巨額財富後丟掉，去過隱居生活；
4.千萬不能加入披頭四。

當然是開玩笑。不過行為科學指出了一個人類特徵，對我們而言是一個非常好用的工具，但有時候也是潛在威脅，那就是大家口中所說的心理免疫機制。人類有時候會因自身遭遇的變化，而改變他對世界的看法，以及對生活的滿意程度，適應新現實環境的速度十分驚人。

吉伯特和同僚做的實驗是向一群學生展示莫內的畫，讓大家按照自己的喜好，從比較喜歡到比較不喜歡依序排列。一旦確立好惡的排序後，參與者可以從以展出畫作其中兩幅做成的海報中挑選一張帶回家。實驗對象分成兩組，其中一組選了海報後，可以在兩週內更換，另一組則無法更換（參與者被告知另一張海報在實驗結束後兩個鐘頭內就被寄送到海外）。

實驗結果有趣的是，可以更換海報的人表現出不大喜歡自己的禮物，而條件相對比較糟糕、不能更換海報的人卻十分喜愛這份禮物。

從心理學角度解釋，我們的喜好會因為感知到現實不可更改而有所調整，進而覺得禮物符合我們的品味，神經科學透過對大腦的研究也證實了這一點。弔詭的是，選擇自由度較高（例如實驗中可以更換海報的那一組）的滿意度卻不如選擇自由度較低的滿意度，明明後者擁有的選項較少。

要把在實驗室完成的研究成果通則化向來困難，讓我們用常理來思考一下。無論是消費層面，或在不同脈絡下需要做決定這個層面，生活在有無窮選擇的世界裡還真是複雜。而我們得在這個世界裡做出具體決定，好讓我們的行為能夠符合來自環境的挑戰。

或許應該匡列出關於未來的選項，並將可行的選項界定清楚，就有可能做出更好的、更心平氣和的，甚至快樂的決定。

二〇〇八年，決策科學專家基尼發表論文〈個人決策是導致死亡的主因〉[5]，特別指出

---

5 Ralph L. Keeney, «Personal Decisions are the Leading Cause of Death», in *Operations Research*, 2008, vol. 56, n. 6, https://doi.org/10.1287/opre.1080.0588.

我們面對的矛盾處境。論文題目很聳動，內容值得我們在這一章結束前認真探究。基尼在二十世紀初及二十一世紀初的死亡原因檔案資料中，尋找可直接或間接歸因於錯誤決策的項目。

他的統計結果乍看之下頗令人擔憂。今天人類死因有很高比例（大約百分之四十五）跟錯誤決策有關，包括駕駛失誤造成的交通意外、因生活不規律引發心血管疾病或癌症，或是汙染造成的結果，所有這些都跟生產和消費方式的錯誤決策有關。然而根據基尼的統計，這個死因在二十世紀初低於百分之五。

差別在哪裡？

在這個全球化、連結日益緊密的世界裡，有更多選項在左右我們的生活，這些選擇更全方位，更錯綜複雜，也更困難。九十年的人生週曆抑制了我們的感知能力。

這並不代表我們應該放棄進步，放棄自由人生可以帶來的繁榮，把自己困在反現代科技的圍牆裡，反而應該讓現代科技引導我們，讓我們的決策有脈絡可循，更容易訂定決策，讓我們不那麼畏懼未來，或許還能為未來勾勒出更清晰明確的輪廓。

第三章

認知陷阱與思考捷徑

我們為何會以錯誤方式感知現實

偶然通常被視為是一個自我修正的過程，在此過程中往某個方向偏差會帶動一個反方向的偏差以修復平衡。事實上，這些偏差不是被當作隨機發展的過程而被「修正」，只是單純被稀釋。

這段話出自以色列心理學家阿摩司・特沃斯基（Amos Tversky），他是認知心理學的先驅。行為科學主要關注的議題正是這一章要討論的主題：偏見與捷思。這兩個術語一度蔚為風潮，甚至成為普羅大眾關注研究的對象，這是好事，可以讓大眾注意到一般來說不易消化的議題，但也有壞處，會導致某些概念被簡化，忽略其脈絡背景和實質意義。

偏見與捷思是外來語，我們有時候為了凸顯自己與眾不同，會在陳述中使用這兩個名詞，卻忘了其實我們可以用同樣有效且更容易傳達的詞彙，也就是我們接下來要討論的認知陷阱，以及人類做決策時仰賴的思考捷徑。

二〇〇二年諾貝爾經濟學獎得主丹尼爾・康納曼（Daniel Kahneman）於二〇一六年在《哈佛商業評論》發表了一篇文章[1]，文中一個有趣的比喻後來在康納曼、凱斯・桑思汀

---

1 Daniel Kahneman, Andrew M. Rosenfield, Linnea Gandhi and Tom Blaser, «Noise: How to Overcome the High, Hidden Cost of Inconsistent Decision Making», in *Harvard Business Review*, 2016, pp. 36-43.

（Cass Sunstein）和奧利維．席波尼（Olivier Sibony）合著的全球暢銷書《雜訊：人類判斷的缺陷》[2]中再度被引用。

這個比喻是從一張圖開始，圖中有四個靶（分別是A、B、C、D），靶上用x標示箭射中的位置。有四組朋友比賽射箭，下圖顯示的是比賽結果。

這張圖清楚顯示A組的射箭水準最高，因為所有箭都很接近靶心。而B組表現最糟，箭隨機分布在箭靶上，遠離靶心，沒有明顯規律可循。

真正的問題出在C組，以及D

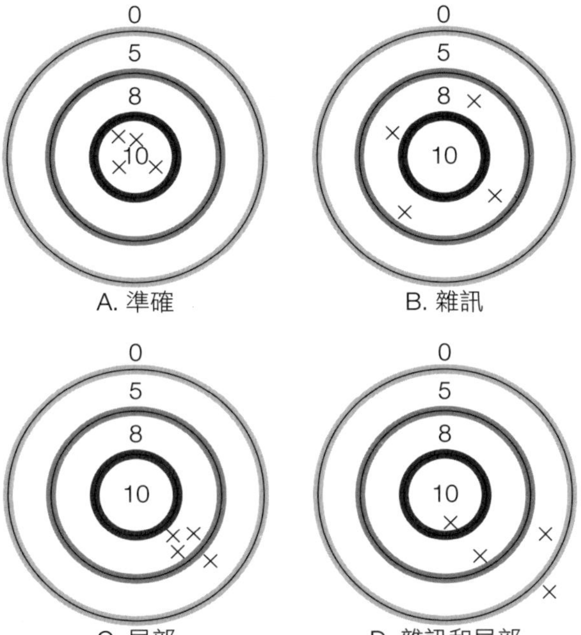

A. 準確　B. 雜訊
C. 局部　D. 雜訊和局部

組。我們可以說C組的人能力不錯，但因為某個原因始終未能命中靶心。D組跟C組一樣，箭全都射在靶心右下方，但是比C組更為分散。

射箭的結果說明什麼？這個比喻如何幫助我們解讀人類做決策時犯下的錯誤和缺失？

C組和D組朋友所犯的錯顯而易見，兩者有一個共同特徵，他們犯的錯誤是系統性錯誤。其中D組除了系統性錯誤外，從箭與靶心的距離來看，「雜訊」比較多，也就是說以更分散的狀態環繞某一點。

我們在做選擇的時候，也常常發生同樣的狀況：思考的箭頭落點距離正確決定很遠。但也正因為這些是系統性錯誤，因此只要採取恰當策略，就可以善用系統性這個特性，讓錯誤變成可預測的錯誤。

我們在真實生活中遇到的問題是「雜訊」無法消除，這就是我們審視不同法官或檢察官在處理同一案件和犯罪嫌疑時，會發現他們的判決截然不同的原因。正如同在面對特別複雜的疾病時，不同名醫的診斷也會有所不同。

2 Kahneman, Cass R. Sunstein and Olivier Sibony, *Noise: A Flaw in Human Judgment*, Hachette Book Group, 2021.

遇到高度不確定性的情況時，即便是最優秀的專業人士也有可能做出錯誤評估，而且評斷標準大相逕庭。

可想而知，在談到前面幾章已經描述過其複雜程度的全球暖化問題時，由於有無以數計的細微差別導致氣候模型的預測錯綜複雜且失敗率高，因此系統性錯誤和雜訊的發生理所當然接踵而來。

我們若刪除圖像中的箭靶，從靶的背面來看箭頭落點的分布，那麼我們可以更清楚觀察到偏差（認知陷阱）和噪音（雜訊）之間的區別。請看下圖。

即便沒有任何箭或靶作為參照，也看得出來A組和B組的記號集中在某個中心的周圍，而C組和D組的記號則非常分散。

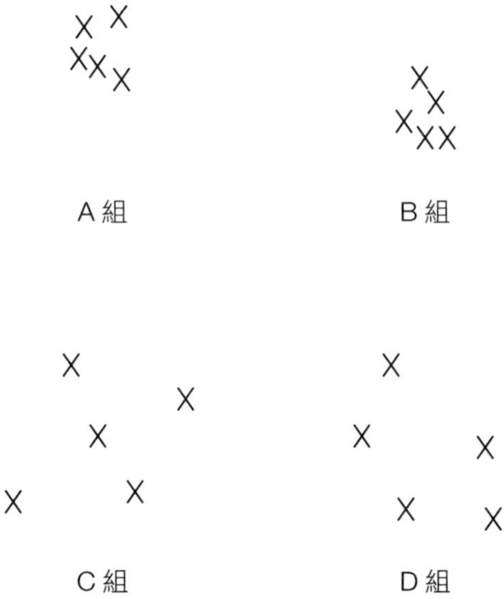

如果人類容易犯錯，那麼行為設計師該如何幫助人類建立更精準或清晰的判斷力呢？德國哲學學者奧根・海瑞格在他著名的《箭藝與禪心》[3]書中，有一段精彩對話：

「射箭的時候不要想，」師父說。「就不會失敗！」

「可是我辦不到，」我回答道。「張力竟然會痛。」

「你會有這種感覺是因為你沒有真的脫離自我。這一切其實很簡單。一片普通的竹葉就能讓你明白是怎麼回事。在雪的重量下，竹葉開始彎折，越來越往下墜，積雪在竹葉未有絲毫動靜時突然滑落。你面對極大張力要像竹葉一樣，直到把箭射出去的瞬間。事實上，當張力達到極限，應該像積雪從竹葉上滑落那般，未經思索就放箭射靶。」

我無意往抒情方向發展，研究如何變成飄零無依不知所終的雪花，而是想提供寶貴資訊以便分析我們做的決定，幫助我們瞄得更準一點。

3 Eugen Herrigel, *Zen in der Kunst des Bogenschießens*, Curt Weller, 1948.

一名優秀的行為設計師應該想辦法減少潛伏的認知陷阱可能造成的損害，他有兩條路可走：第一條路是從弓箭手下功夫。舉例來說，如果弓太重，自然會讓射出去的箭偏移，一個可能是鍛鍊手臂增強肌力，以減少系統性偏差，好讓箭的落點從B組變成A組。如果用選擇和決策的角度來看，要關注的對象是做決策的人，要提高他的自覺。而這一章的功能就是描述主要的認知陷阱和隨之而來的思考捷徑，這在我們討論類似全球暖化問題時尤其重要。

第二條路與第一條路相反，要改變的是射箭的環境或射箭的決策。姑且不管B組的弓箭手如何射箭，如果把箭靶往右下方挪動會發生什麼事？

因為環境受到干預，他們射箭的精準度會立刻有所提升。我在本書最後面會再討論這個問題，說明「助推」策略有時候甚至能讓決策者在自覺有限的情況下，做出更好、更簡單的決策。

我們按部就班來。首先要檢查的是最常見的錯誤，這些錯誤若遇到全球暖化問題，很可能會變得很危險。

小數定律

一九四〇年，倫敦遭到德國空軍地毯式轟炸，整座城市幾乎全毀。然而查看地圖上被轟炸的地點，卻發現一件奇怪的事，有好幾區安然無恙。盟軍情治單位認為這些「空缺」可能是納粹間諜或為德軍效力之人的藏身處。大戰結束後，歷史學家和統計學家研究一九四〇年倫敦被轟炸地點的分布圖，得到的結論是那些區域逃過一劫純屬巧合，有點類似之前射箭的案例。

我們換個場景，談談喜歡研究誤導性統計學的人耳熟能詳的案例。幾年前，一個針對美國腎臟癌發病率的研究顯示，在全國三一四一個郡中，病例密度低的地區人口密度都偏低，主要是農業區。有趣的是，當我們試圖找出腎臟癌病例較集中的區域時，結果發現……這些地區同樣人口稀少，也是農業區。

是不是覺得很混亂？

我們接下來看另一個問題：在醫院婦產科的新生嬰兒房裡，假設同一天有六名新生兒出生，以下是依性別做出的排列組合，出現這些序列的機率是否相同？

MFMMFM*

MMMMMM

FFMMFF

M＝男；F＝女

我猜想，很多人的答案都是篤定的「當然不同！」尤其認為第二行六個M的機率不高。可惜我要讓你們失望了，因為這些組合出現的機率都一樣。

這些案例沒有什麼祕密，唯一的共同點只有所謂「小數定律」，或是混淆視聽的危險雜訊。

無論是轟炸區域、癌症發病率或婦產科新生兒性別，都有誤導性問題，這種問題通常會出現在統計推論的觀察樣本數太小的時候。

即便在這些情況下，人類還是傾向尋找因果關係。

對情治單位而言，看到被炸毀的倫敦地圖上有幾處空缺，就立刻想到（沒辦法不去想）在那幾棟倖免於難的建築物內恐怕設有德國情報中心總部。

在癌症發病率的案例中，人煙稀少的鄉村難免讓人聯想到遠離城市喧囂、空氣清新、飲食健康的種種好處。其實發病率高低與這些都無關，當樣本數太小，就有可能觀察到極端偶然事件。

所以關於醫院裡的新生兒，雖然你們心裡肯定不願接受我的解釋，但是這三種序列出現的機率是相同的。性別實際分佈情況只會隨著時間拉長、採樣數（即分娩數）逐漸增加而顯現。

你們不相信我？

那我們來玩丟銅板。丟銅板十次，不大可能出現正、反面各半的機率，因為樣本數太小，會受到我們說的雜訊和小數定律影響。但如果我們有足夠耐心丟擲上千次，那麼正面或反面的分佈就有可能趨近於先驗機率（prior probability）預估的數字。

可得性捷思：唾手可得的案例捷徑

前陣子我遇到一件事，正好可以拿來說明這個概念。我懷孕的妹妹去中央社保局詢問生育津貼的資訊，回家後，她跟我在餐桌上開心聊天，這時電視新聞報導生育率停滯對國家造成衝擊，我妹妹非常訝異，她說：「亂講，我明明就看到很多孕婦。」

她說這句話，就是所謂可得性捷思，意思是依腦中回憶起某個情境的難易程度來判斷一件事發生的機率多寡。以我妹妹這個例子來說，她才在中央社保局遇到一群孕婦，對義大利出生率的認知多少受到她們的影響，又因為對電視新聞報導內容存疑而強化。

可得性捷思會發生在各種情境。例如，好萊塢明星的離婚率很可能因為媒體鋪天蓋地的報導而被高估。如果前一天有飛機失事，而你第二天要搭飛機，或者是，在你準備要去享受浪漫周末假期的城市裡發生恐怖攻擊事件造成十多人喪命，你們的部分大腦會忍不住抗拒所有數學的確定性或精確估算，把不確定轉化成錯誤推論。在這類情況下，可得性捷思會讓統計產生偏差。

所以，如果五月份氣象觀測站紀錄的氣溫持續略高於往年的平均氣溫，卻突然氣溫驟降，打亂了你的海邊出遊計畫，你很可能會冒出一個念頭，為表達不滿放聲大喊：

「不是說全球暖化嗎？」

我們對氣候異常降溫的感受比觀察到平均氣溫高於往年的感受更顯著，但未必會在我們心中留下深刻印象。

請你們再回答我一個問題。你們還記得二〇一五年十一月十三日發生在巴黎的恐怖攻擊事件嗎？當時造成一百三十人喪生，在我們心中和社群媒體上都留下了難以消弭的傷痛，世人紛紛懸掛法國國旗表示哀悼。

一個月後，恐攻事件尚未平息，第二十一屆聯合國氣候變化大會在巴黎舉行，達成國際氣候協議，確立了從那一刻起到本世紀末抑制全球暖化的目標。單從數字來看，近十年來，全球每年約有兩萬兩千人死於恐怖攻擊，[4]而根據世界衛生組織估計，每年至少有二十五萬人的死因與氣候變遷有關。[5]

為避免誤會，我再次重申，現在不是在陳述意見，而是在陳述事實。事實是，因全球暖化死亡的人數幾乎是因恐攻死亡人數的十一倍。

另一項有趣的研究案是調查夫妻認為自己負擔家中事務的貢獻度，例如丟垃圾、洗碗盤和其他家務等。研究案準備問卷，讓夫妻為自己做的不同家務事以百分比打分數，而最後加總的結果通常都超出一百分。有趣的是，可得性捷思也會以「自損」的形式出現，指的是夫妻發生齟齬或不關心對方之類的事情，丈夫或妻子記得自己比另一半的貢獻度更高。

---

4 分佈十分不均，絕大多數傷亡都發生在歐洲和北美以外的地區（參見Global Terrorism Database）。

5 更多資訊，請參看：https://www.who.int/news-room/fact-sheets/detail/climate-change-and-health

再說一次，重要的是我們的大腦是否很輕鬆就能回想起與有待評估的現象有關的某些事或情境。當我們討論的議題是氣候變遷或移民潮時，可得性捷思可能產生十分負面的影響，必須加以控制。

所以需要驗證、驗證再驗證。我們若意識到這類陷阱會自動產生影響，驗證就必不可少。

定錨捷思

你們認為達爾文是一百五十歲之前或之後過世的？

我很難想像有人會說是一百五十歲之後。不過我更感興趣的是你們會如何回答接下來這個問題？

達爾文過世時幾歲？

或許有讀者知道準確數字，但也有人對此一無所知，免不了受到第一段文中數字的影響。有了一百五十歲這個基準點，推算結果就會偏高。

這是定錨捷思導致的偏差。

換言之，當我們面對不確定推論時，會受到附帶資訊（或各種資訊之大成）的影響。令人擔憂的是我們對此毫無察覺，更糟糕的是，即便出現的數字與推論客體無關，結果也一樣。我如果告訴你們，歷史上有兩百八十九名美國人獲得不同學科的諾貝爾獎，然後我問有多少義大利人得過諾貝爾獎，跟我先說歷史上蘇聯加俄羅斯共有二十四人得過諾貝爾獎，然後提出同樣問題，你們的答案很可能不一樣。

舉這個例子，主要是為了說明附帶資訊的影響。美國經濟學者丹・艾瑞利（Dan Ariely）和喬治・洛溫斯坦（George Loewenstein）[6]對麻省理工學院工商管理課程的學生做了一項研究，發現當錨點是隨機產生時，結果叫人感到相當意外。他們在學生面前擺了一些東西（一瓶酒、一個鍵盤、一個滑鼠等），這些受試者必須在一張白紙上寫下他健保卡號的最後兩個數字。

假設數字是七和九。

在紙上寫下七和九的學生率先被點名，詢問他是否願意花七十九元美金購買面前那些產品。

6 Dan Ariely, George Loewenstein and Drazen Prelec, «"Coherent Arbitrariness": Stable Demand Curves Without Stable Preferences », in *Quarterly Journal of Economics*, 2003, vol. 118, n. 1, 2003, pp. 73-106.

之後再請他說出他對各項商品的估價。

結果很有趣。各項商品的相對價格不變，例如一瓶好酒和一瓶普通酒的價差不變（表示不同物品價值的對照關係會遵循常理的這個假設成立），至於每樣商品的估價，原先在紙上寫的數字越大的人估價都偏高，而健保卡尾數越小的人估價都偏低。

生活中處處都是錨點。例如當我們開車下高速公路，包括之後轉入省道時，會因為原本在高速公路上的速度成為了錨點，而傾向加速。

丹尼爾．康納曼和阿摩司．特沃斯基在他們顯赫的學術生涯中，都曾以定錨捷思為研究和實驗的主題，但兩位科學家對這個現象做出不同解讀。特沃斯基認為定錨是一系列連續的調整，所以是有意識的選擇。如果我們憑直覺就知道達爾文享年肯定少於一百五十歲，那麼錨點會引導我們不斷下調數字。康納曼則認為定錨有啟發效應，或是一個框架，因為啟發效應的緣故，那個數字深深刻在我們腦海中難以擺脫，影響我們的推論。

其實這兩位學者的觀點都有道理：一方面，定錨跟我們的評估和決策選擇有關，另一方面會透過自動化機制影響我們的選擇。

錨在我們感知氣候變遷現象時扮演的角色，經過大量的應用實驗心理學文獻檢測。但是跟所有在實驗室完成的實驗一樣，必須謹慎小心，因為很難將局部成立的研究結果套用在更大的情境中。影響我們行為乃至於我們對現實看法的因素多樣且多變，探究這些或許看似微不足道的因素在情境中可能扮演重要角色，肯定十分有趣。

這個主題與可得性捷思有部分相關，但如果我們在截然不同的天氣條件下收到關於氣候變遷的資訊，會發生什麼事？如果外面很熱（或很冷），氣溫會是觸動情緒、影響我們感知和接收全球暖化科學數據的錨點嗎？[7] 如果我在第一章談到的國際氣候變遷專門委員會報告是從最糟的預測開始，也就是在本世紀末預計氣溫將上升五度，最好的預測則是上升一點五度，我們的態度會有所改變嗎？如果有人告訴我百分之九十七的科學家都同意溫室效應是人類活動所致，這個數字會改變我的看法嗎？抑或是，如果今天錨點是數字，我會因此更關注相關資訊和數據嗎？[8]

7　Jeff Joreiman, Heather B. Truelove and Blythe Duell, «Effect of Outdoor Temperature, Heat Primes and Anchoring on Belief in Global Warming», in *Journal of Environmental Psychology*, 2010, vol. 30(4), pp. 358-367.

8　Matthew H. Goldberg, Sander van der Linden, Matthew T. Ballew, Seth A. Rosenthal and Anthony Leiserowitz, «The Role of Anchoring in Judgments About Expert Consensus», in *Journal of Applied S-ocial Psychology*, 2019, vol. 49, n. 3, pp. 192-200.

我的目的並不是用短短幾行文字替這些大哉問找到最終答案，因為多年來實驗心理學（以及經濟學）遇到的問題之一與可重複性危機有關，換言之，一個實驗結果往往難以再現，甚至常常因其他研究強烈質疑而被否決。

我的目的是整理我們的疑問和諸多決策情境元素，依此選擇我們最終的行動方向，說明複雜性的情況，並解釋當我們試圖把氣候變遷合理化、視覺化時，腦袋有可能會想不通或短路。

過度自信與確認偏誤

跟定錨不一樣，過度自信是一種行為偏差，反映的是人類天生傾向於做能夠產生正面影響或效益的事。這些行為會為個人帶來更大的好處或滿足感，同時也能獲得外界更大的認可。[9]

然而，行為偏差可能導致決策者更偏重特定選擇的直接效應，而忽略其潛在副作用，對決策的負面效應視而不見，只專注於有利的結果。做選擇的人若無視潛在問題和壞處，很可能會表現出樂觀傾向（或過度樂觀），這與過度自信有連帶關係。以全球暖化為例，隱憂是我們認為它與環境無關，而且有足夠時間處理這個問題，但其實我們對其嚴重性了解不夠全面。

所謂過度自信，就像一名企業家在市場上銷售產品，卻無視於其他競爭對手，或是某個政治階層在擬定氣候變遷調適政策時，只看到成功的可能性，把困難拋諸腦後。所以過度自信可能會導致「規劃謬誤」（**planning fallacy**），因過度樂觀而低估計畫完成所需時間。

二〇五〇年實現碳中和目標？有什麼問題嗎？首先，二〇五〇年還很遠，再者，智人是了不起的生物，而我又是其中最了不起的那個，所以達成目標絕對不是問題。

如果有狀況也無須擔心，因為狀況大同小異。大家耳熟能詳的例子是雪梨歌劇院的建造工程，原本預計四年完成，預算是七百萬澳幣，結果花了十四年時間，總共耗資一億兩百萬澳幣才完工。不管你們如何推崇奧林匹克運動會發起人皮耶・德・古柏坦（**Pierre de Coubertin**），「重在參與」這個說法都流於口號，因為自十九世紀末到今天，每屆奧林匹克運動會的收支表都說明這是一個過度自信的陷阱，往往得面臨慘痛的破產教訓。

---

9 Anthony Patt and Richard Zeckhauser, «Action Bias and Environmental Decisions», in *Journal of Risk and Uncertainty*, 2000, vol. 21(1), pp. 45-72.

過度自信的偏差會以不同形式出現，我們要特別注意以下三種情況：

一、高估會有風險：過度自信源自於高估自己的實際能力、表現、控制和應變能力；

二、自視過高：類似高估，認為自己比其他人更有能力；[10]

三、過度精確：一般來說，特定領域專家最容易掉入這個陷阱。過度精確指的是一個人很篤定自己知道的比他實際上知道的多。也就是說，一個人認為自己看法精確無誤，低估可能有不同結果這個變數，而將潛在風險最小化。[11]

有沒有聽過一個說法：有經濟學家預測未來兩年會發生九次危機？

過度自信這個偏差難以撼動，而專攻認知陷阱研究的康納曼始終認為過度自信是決策過程中最具破壞力的偏差。

歷史上不乏各種有趣案例，看到那些名人也不幸成為這個心理陷阱的受害者並備受折磨的時候，我們頓時鬆一口氣。例如，荷蘭物理學家惠更斯（Christiaan Huygen-s）和德國哲學家兼數學家萊布尼茲（Gottfried Wilhelm Leibniz）書信往來頻繁，總是語氣激動地對牛頓這位天才表達惋惜之意，說可憐的他因為頭腦不清失心瘋在股市慘賠。[12]英國哲學家伯特蘭・羅素（Bertrand Russell）在《羅素的幸福哲學》[13]書中談嫉妒那一章提及上述兩位學者通信之事。他說牛頓並不像自稱是他朋友的那兩名知識分子所說的頭腦不清失心瘋，惠更斯和拉布尼茲是鱷魚的眼淚，與其說他們對牛頓表示同情，不如說是因為覺得牛頓比他們擁有更偉大的心靈而感到憤恨。

在美國導演伍迪・艾倫（Woody Allen）的《午夜巴黎》（*Midnight in Paris*）電影中，海明威對男主角歐文・威爾森說，真正的作家從不看其他同儕寫的書。因為如果寫得很差，他會討厭那些書，覺得不值一提。如果寫得很棒，他還是會討厭那些書，因為作者不是他。我們每個人都熱愛自己的創作，儘管只是一個理念，我們也會投注熱情捍衛它，就算有證據證

---

10 Julia P. Prims and Don A. Moore, «Overconfidence Over the Life Span», in *Judgment and Decision Making*, 2017, vol. 12, n. 1, pp. 29-41.

11 Ulrike Malmendier and Timothy Taylor, «On the Verges of Overconfidence», in *Journal of Economic Perspectives*, autumn 2015, vol. 29, n. 4, pp. 3-8.

12 指的是英國在一七二〇年發生的南海泡沫事件（South Sea Bubble）。英國南海公司專營南美洲貿易，因誇大業務前景看好，股票飆漲帶動全民投資炒股，國會於一七二〇年透過立法規範同類公司，使股票暴跌，包括牛頓在內有許多人都成為股市災民，據傳破產的他感慨道：「我能精準計算天體運行，卻無法預測人類的瘋狂。」

13 Bertrand Russell, *The Conquest of Happiness*, George Allen & Unwin, London, 1930.

明它是謬誤的。

這就是確認偏誤。

伽利略邀請耶穌會的天文學家透過他那個神奇的天文望遠鏡觀察環繞木星運行的衛星，拒絕接受任何經驗證據。其中幾位耶穌會士不願意靠近望遠鏡，認為使用這個不潔工具會改變天體的核心本質。如此明顯的敵意並非單純來自對托勒密學說根深柢固的執著。

其中顯然還有嫉妒之心，認為伽利略沒有學位、只是技術人員卻被尊為哲學家，還用他的科學發現捉弄神學家。他哪裡來的膽子？

執著於信念和我們相信的種種，可能帶來正面影響，加強我們的動機，促使我們變得更好。所有偉大發明，都少不了一點無傷大雅的執念。愛因斯坦十六歲時寫信給舅舅，說他對光速十分好奇：「我若乘著光波並以它的速度前進，會發生什麼事？」少年天才終其一生都如此執著，先後以狹義和廣義相對論顛覆了物理界。

若非求知若渴，愛因斯坦未必能夠面對生活種種困境而不退縮：在瑞士拿到學位後，他找不到教職，發表狹義相對論的文章後，沒有一位物理學家支持他提出的假設。幸好愛因斯坦對自己的方法和理念堅信不疑，所以不只一人問他如果他的理論被證明錯誤該怎麼辦，他總是回答：「我為上帝感到遺憾，因為祂錯了，我的理論是對的。」

瑞典氣候行動家格蕾塔・童貝里是亞斯伯格症患者，所以能直觀體認到全球暖化問題的嚴重性，這位年輕女子積極面對該問題的急迫性，並視其為己任。

這股力量的負面作用，就是可能太過執著，為了捍衛自己的理念不顧一切。若事態嚴重，可能會造成所謂的「群體極化效應」（group polarization）。具有強烈極化和分裂特性的社會，意見和價值觀可能流於僵化，而不是公民以民主方式進行辯論比對差異。

數年前，美國法律學者凱斯・桑思汀（Cass Sunstein）在科羅拉多州進行一項有趣研究。[14]受測者一半是民主黨人，一半是共和黨人，這位學者詢問他們一系列關於同性伴侶權益和氣候變遷的問題。桑思汀在事前對每個人做過私下訪談，以了解他們對這兩個議題的立場。隨後分組討論相關議題，最後再次對每個人做私下訪談。結果發現，在分組辯論後，出現了兩極化反應，原本進步派變得更激進，而保守派則表明了更堅定的共和黨立場。

讓我們回到愛因斯坦。他令人難以想像的固執讓他晚年備受煎熬，拼命尋找能解決量子力學和廣義相對論之間矛盾的一個場論。是愛因斯坦的天賦讓他面對波耳（Niels Bohr）、

---

14 相關研究內容請參考：Sunstein, *Wiser: Getting Beyond Groupthink to Make Groups Smarter*, Harvard Business Review Press, Boston 2014.

海森堡（Werner Karl Heisenberg）、包利（Wolfgang Ernst Pauli）和所有年輕量子物理學家持續推陳出新的實驗結果充耳不聞。

關於過度自信的風險，還有最後一個故事。

尼古拉．特斯拉（Nikola Tesla）曾在愛迪生（Thomas Edison）手下的實驗室工作，有一天特斯拉提議採用交流電供電，而且這項科技沿用至今日。但是愛迪生主張直流電供電，反對這名員工的意見。他們二人發生激烈爭吵，特斯拉憤而離開愛迪生的實驗室，並把自己的供電系統設計圖跟計畫都帶走。

愛迪生若接受員工的建議，就可以享有專利權利金，但是他太過自負，終其一生都想要證明對方的發明是錯的，甚至打造了一把供給交流電的電椅，以證明特斯拉的想法可能會帶來不幸的後果。

因為執著於理念和工作成果而生的壓力會使人盲目，就連顯而易見的獲利機會都視而不見。確認偏誤指的就是為了鞏固某人主張的觀點或固有信念而去尋找、解讀、偏重和記憶特定資訊的傾向。任何不符合個人固有信念的資訊都會被輕忽，而模稜兩可的資訊則會被拿來當作支持自身信念的證明。[15]在全球暖化問題結構不確定的情況下，可以想像要以簡單描述去說服堅持己見的懷疑論者有多困難。我舉一個確認偏誤的例子：二〇〇五年一項研究顯示，有幾位調查人員對支持最初假設的幾項證據解讀錯誤，當他們看到某位證人模稜兩可的證詞時，自動認定證詞內容是認罪。[16]可想而知，在這種情況下，確認偏誤有損客觀性，後果可能很嚴重，而且影響時間長。集體記憶也會強化確認偏誤，如果有人問你某位同事是否為人和善，你可能會尋找過往記憶中禮貌互動的例子；但如果問你那位同事是否討人厭，你可能就會尋找跟前面相反的例子。這是因為大腦會不由自主尋找確認的佐證。所以當我們談及全球暖化及氣候現象時，溝通方式很可能會影響我們對這個問題及其嚴重程度的感知。

我知道你們想問什麼。達爾文享年七十三歲。

15 Edward J. Russo and Paul J.H. Schoemaker, *Winning Decisions: Getting it Right the First Time*, Doubleday, New York 2002.

16 Mark R. Kebbell, Damon A. Muller and Kirsty Martin, «Undestanding and Managing Bias», in *Dealing with uncertainties in policing serious crime*, 2010, ANU Press, Canberra (Australia), pp. 87-100.

第四章

管理不確定性

或然率推論的困難之處

吾友盧西利烏斯，切記，做你自己的主人，請拾回並珍惜被帶走、被竊取或逝去的時光。告訴你自己，是的，確實如我所言，有些時刻被帶走，被剝奪，有的消散在風中。最可恥的莫過於虛擲時光毫不在意。你想想，我們一生中浪費許多時間在行惡，浪費更多時間在無所事事，做不該做的事。你可知有誰因為明白自己將死，故而懂得珍惜人生，珍惜每一天？我們犯的錯是，以為死神尚在眼前，殊不知它已經在我們肩上。逝去的人生屬於死神。

我在這一章主要討論或然率，以古羅馬哲學家小塞內卡（Lucius Annaeus Seneca minor）《道德書簡》（*Episulae Morales ad Lucilium*）的這段話作為開頭，自有其深意。小塞內卡在不知情狀態下跟智人大腦必然的演化衝突有了交鋒。大腦是自然的人造物，還在持續修正中，所以時至今日仍無法正確評估遙遠的未來，也無法對我們所在的環境做或然率推論。

你們有沒有想過何謂出生或然率？

別急著找你們國家的出生率數字。套用海德格「被拋向存在」的說法，我指的是此刻在家悠悠哉哉閱讀這本書的你，或是在大眾交通工具上看書打發時間的你，被「拋向」地球的或然率。

關於這個或然率，各種估算都有，也各自有爭議之處，值得我們稍作停留思索玩味。

首先需要知道的是，你的父母親相遇的或然率。

以二十世紀六〇年代的義大利人口為基準，當時約有五千萬人，男女比例差不多各半。假設成年男性有一千五百萬人，理論上來說，全義大利男性都可以是你母親的潛在對象。[1]我們姑且假設，每個人一生中可以跟一千五百人有社交互動（這是很寬鬆的估算），換言之，你母親遇到你父親的或然率等於一個人一生中互動的男性人數（一千五百人）跟總人數（一千五百萬人）的比例。結果大約是萬分之一。

這個數值偏低，不過讓我們繼續看下去。

你母親遇到你父親後，他們聊天、出遊，可能會再安排第二、第三次約會。假設這個或然率是百分之二十（這個估算依然很寬鬆）。

等他們建立穩定的關係後，才會有出生或然率，我們把數值提高到百分之五十。

然後把這些獨立的數字相乘：

二〇%×二〇%×二〇%×五〇%＝〇．四%

這個〇・四％要再乘以之前計算出來你父母相遇的或然率：

〇・四％×〇・〇一％＝〇・〇〇〇〇四％

也就是兩百五十萬分之一的或然率。

但這只是第一步。

女子十二歲到四十五歲是生育年齡，一共會形成四百五十個成熟卵子。假設一名男子一生中的性行為總共會製造四百億個精子，把這兩個數字相乘：

四百億×四百五十＝十八兆

而精子和卵子結合後，生下的恰好是你，不是你的兄弟姊妹，這個或然率是十八兆分之一。

1 這個假設只是為了做數學推論。這個推論不具備科學價值，但有其邏輯。

我們可以循著你父母親及他們家族的系譜繼續下去，但暫時到此為止。做這個看起來無用的統計真正的意義在於，清楚展現出生或然率無限小。

重點是，你們想過這件事嗎？

許多人舉一反三，說跟中樂透的機率差不多。但我無意用這些令人頭暈目眩的數字教大家及時行樂，珍惜生命的每一天。這不是一本談自我救贖或心靈雞湯類的書。在探討過認知陷阱及大腦如何利用捷徑走出迷宮之後，我提出這些數字是為了從實證角度凸顯智人無法用常理去理解發生在我們周圍的不確定性和令人恐懼的混亂隨機性。

我並不是鼓勵大家袖手旁觀，等待初雪降臨覆蓋大地，事實正好相反，我單純想透過這個運算，凸顯我們思考人類在地球上生存的歷程時，所犯的幾個錯誤。我們常常混淆演化和進步兩個概念，但達爾文對這部分說得很清楚。

生存在地球上的物種以隨機和數學方式試圖適應環境條件，是為演化。如果一個外星人來到地球，有人問他誰是地球的主宰者，他可能會回答：細菌和病毒。因為這兩種生物體的結構簡單到令人不安，是否能適應非特定的較佳環境未有定論，然而他們卻能一路存活至今。

演化並不代表必須進步，演化不是勝者為王的競賽。由此觀之，把點和點串聯起來就想要說故事的傾向其實很危險，愛因斯坦說過上帝不擲骰子，而物競天擇是這場賭博中隨興所至的迷人案例。說這些不是為了鼓吹帶有虛無主義色彩、自我毀滅傾向的宇宙悲觀主義，而是希望我們能以數據為本，以友善謙遜的態度自覺地去做查核，例如，人類跟黑猩猩有百分之九十八的DNA相同這件事（達爾文對此結果肯定很滿意）。沒想到泰爾莫·皮耶瓦尼（Telmo Pievani）等生物哲學家以認識論角度展開研究後告訴我們，人類跟蚯蚓有百分之八十六的DNA相同，人類跟香蕉也有百分之四十的DNA相同，我們並沒有被嚇到裹足不前。

此路難行，所以我們要重新助跑再出發，摒棄以人為宇宙中心的人類中心視角。伽利略貢獻己力將我們帶往世界的邊陲地帶，如今我們應該認真看著我們的星球，並認清一個事實：我們是生物網絡中的一個節點，雖然重要，但也只是諸多節點的其中一個。

義大利小說家圭多·莫塞利（Guido Morselli）的末世科幻小說《人類消亡》（*Dissipatio H.G.*）就是從這個認知出發，用詩意風格描述一個人類滅絕的世界，唯一的倖存者詫異地看著環繞在他周圍的一切。這個世界和世界上所有生命奮力向前尋找出路，有點像車諾比核災輻射區內蓬勃生長的植物。

我們對或然率的錯誤估算源自於不符合經驗法則的自以為是，所以需要改弦易轍。從演化角度來看，自以為是固然使我們今天成為迷人的造物，追求創新，也有能力改變世界，這點無庸置疑，但是對數據和或然率的判斷卻令人瞠目結舌。

除了出生或然率的運算外，接下來我們再試做另一個運算來檢視自己的冥頑不靈。前面提到中樂透。你們買過大樂透嗎？

即便答案是「沒有」，我想你們應該看過或聽過大樂透中獎的或然率。彩券上寫著：

六二二六一四六三〇之一。

意思是，中獎或然率是六億分之一。

我們都知道中獎或然率很低，但是很難具體感受究竟有多低。我們滿腦子想的都是中了數千萬歐元獎金後可以做什麼，覺得花那一點錢去買彩券根本不值一提。但如果你固定買彩券多年，那些錢加起來，已經足以實踐一個頂級度假計畫。

六億分之一的或然率究竟多小？

簡單來說，中樂透根本是不可能的事。

人類數百年來的演化，其實都在細微差異上打轉。

讓我們來看看實際例子。

假設你們是我的學生，而這個班級共有一百名學生。

我走進教室後說：

「明天我會隨機抽一個學生，問過度自信的社會科學文獻資料，不限範圍。」

你們如果遇到這個情況，偏偏Netflix推出最新影集，只想賴在沙發上看電視，會為了第二天抽問準備嗎？

或然率是百分之一，這很容易算出來，而且切身感受強烈。

我們把米蘭斯卡拉歌劇院加入這個運算中。

假設我們是在著名的斯卡拉歌劇院上課，這個空間可以容納兩千人。

一般座位和包廂都坐滿了人，我走進去宣布同樣消息：

「明天我會隨機抽一個學生，問過度自信的社會科學文獻資料，不限範圍。」

或然率是兩千分之一。

再換一個場景。

地點是聖西羅體育場，可以容納八萬人。劇本不變。

或然率是八萬分之一。

你們應該看懂了這個遊戲，那我們就直接跳到最後一關。歐洲約有五億三千萬人，如果所有人收到邀請，同一時間在Zoom上開視訊會議，因為：「明天我會隨機抽一個人，問過度自信的社會科學文獻資料，不限範圍。」

五億三千萬分之一的或然率，誰會為了第二天抽問做準備？

沒有人。

把幾乎不可能發生的一件事視覺化，有助於我們正確無誤地理解或然率。大樂透的數據明確指出每個人在做或然率估算時都可能產生錯覺。根據義大利衛福部提供的一項數據顯示，[2]有一千一百萬義大利人有這類錯覺，他們一生中至少有一次明知中獎機率極低，卻付出十分可觀的金錢購買樂透彩券。

我們先前討論可得性捷思時，已經看到無法系統性計算出正確或然率會產生大量錯誤，可能導致嚴重後果。數年前，「黑天鵝」這個比喻無人不曉，美國數理統計學家納西姆・塔雷伯（Nassim Taleb）的暢銷書《黑天鵝效應》[3]，闡述的便是不確定和低或然率的事件在發生前無法預測，一旦發生就會展現其效應。

在十七世紀末之前，咸認為黑天鵝這種動物不存在，卻在北半球發現黑天鵝，顛覆了當時生物學各家理論。一般來說，每當出現一件不大可能出現或無法預測的事件，只得在事後想辦法解釋，就是所謂黑天鵝事件。

為了降低風險，往往得做出不受歡迎的選擇。如果一位有遠見的市長認為穿過城市的某條溪流有可能河水暴增，儘管發生的或然率不高但依然有風險，於是他決定通過河堤加固計畫，由於支出龐大，就沒有經費建造備受市民和遊客期待的遊樂園。然而，即便河水真的暴漲，河堤發揮了作用，絕大多數市民也不會意識到此舉避免了一場災難。大家總在發生事情時抱怨，卻吝於給予為防範或許不會發生的災難預作準備的人掌聲。

人類大多低估地球暖化的風險，認為災難性事件發生的機率很小，而且很遙遠。我們得努力讓他人正視氣候變遷可能造成的破壞，要像中樂透的喜悅一樣，叫人無法冷眼旁觀。

2 這些數據主要來自義大利衛福部與馬利歐・內格里研究院（Istituto Mario Negri）、腫瘤研究與預防聯合中心（Istituto per lo Studio, la Prevenzione e la Rete Oncologica，簡稱 Ispro）、帕維亞大學（Università degli Studi di Pavia）及米蘭生拉斐爾生命健康大學（Università Vita-Salute San Raffaele di Milano）合作對義大利人賭博習慣進行的一項研究計畫。

3 Nassim Taleb, *The Black Swan: The Impact of the Highly Improbable*, Random House, New York 2007.

要想讓大家更關注這個議題，或許可以用另一個比喻替代黑天鵝，那就是美國學者米歇爾．渥克提出的「灰犀牛」。[4]

灰犀牛指的是高機率會發生的事件，跟犀牛的體型一樣明顯。你若擋住犀牛的去路，牠的攻擊力驚人。然而人類在面對猶如犀牛一般的重量級事件時，卻往往視若無睹，包括流行病或全球暖化的風險。

從演化角度來看，我們不喜歡或然率，加上我們透

圖一　自然階梯，或生命階梯，查爾斯．邦納[5]，一七四五年

過讓影像變形的哈哈鏡看世界，就算有遠見也未必能降低風險，因為事件發生的或然率會依我們的情緒和感知被放大或縮小，因此很可能會低估全球暖化的風險，這是我們所不樂見的。

數據可以幫助人類理性思考，更重要的是，可以幫助人類認識自己在演化史上的位置。畢竟我們之中依然有許多人從啟蒙主義概念出發，認為人類站在階級體系的頂端。

直線的危險魅力再度浮現。

人類只是哺乳動物的一種，雖然擁有巨大能力，但是並未凌駕於自然界之上。自然界未被賦予道德抉擇的權力。而數量眾多的人類，則很容易把氣候和生物圈擬人化，彷彿它們具有某種人類定義的智慧。

---

4 Michele Wucker, *The Grey Rhino: How to Recognize and Act on the Obvious Dangers We Ignore*, St. Martin's Press, New York 2016.

5 查爾斯・邦納（Charles Bonnet, 1720-1793），瑞士博物學家及生物學家，演化論先驅。描述祖父因白內障失去視力後出現視覺幻覺聞名。他認為失去視力後腦部活動受刺激，進而創造出視覺信息，對理解視覺機制有重要意義。

然而道德抉擇是文化產物，也是出生在人類世[6]的人類產物。訓練自己做或然率判斷，意味著準備接受複雜性的洗禮，但不至於身陷其中。

因過度捕撈及環境等原因引發的大西洋鱈魚災難[7]，應該當作睡前故事說給小朋友聽，這個故事說明人類無法理解第一章闡述的複雜系統本質，以及二元評估有時會給我們試圖解決的問題帶來嚴重後果。

加拿大漁民在大西洋西北海域捕撈鱈魚一直以來都滿載而歸，直到二十世紀五〇年代為止，平均年漁獲量是二十五萬公噸。隨著全球化和遠洋漁船數量增加，鱈魚捕撈數量在一九六八年達到一百八十萬噸的高峰。當時加拿大政府開始採取因應措施，將領海海域擴大到離岸兩百海里，以保護鱈魚，阻撓競相捕撈的漁船，並決定降低漁獲配額，以達到永續目標。

情況一度好轉，但是自七〇年代中葉起，鱈魚捕撈數量再度急速上揚，在短短七年內成長三倍，於一九八二年達到高峰，隨後漁民開始反應漁獲大幅減少。

過度捕撈，棲息地被破壞，自然復育受阻，加上其他海洋生物大量繁殖，短短幾年間鱈魚漁獲量崩盤，一九九五年僅有一萬兩千噸，是五〇年代之前漁獲量的二十分之一，是八〇年代初期漁獲量的百分之一。

加拿大政府為解決北大西洋鱈魚長期短缺問題，不得不禁止在該地區進行捕撈，此舉重創鱈魚產業，約有三萬漁民及貿易從業人員失業。儘管如此，鱈魚復育不見太大起色，於是加拿大政府為謀求解決之道，向一個海洋生物委員會尋求科學協助，鎖定問題出在那一區鱈魚的主要掠食者：海豹。

這是線性邏輯，答案簡單又明確：海豹吃鱈魚，如果我殺死海豹，那麼就會有更多鱈魚。

加拿大政府下令永久關閉漁場，同時提高獵殺海豹配額，增至每年三十五萬隻。然而，鱈魚數量不足的問題非但沒有因為粗暴且殘忍地獵殺數十萬隻海豹獲得解決，反而因為漁場一帶海豹和其他海洋生物數量減少而惡化。

行動失敗的原因很多，但我們可以列舉其中兩個：其一是不理解北大西洋生態系統和相關食物鏈的複雜性。鱈魚僅占海豹食物的百分之三，而那個漁場共有五十個重要物種，包括

---

6 人類世（Anthropocene），是諾貝爾化學獎得主保羅・克魯岑（Paul Crutzen）於兩千年提出的全新地質年代名稱，指的是人類活動對地球氣候與環境造成深遠影響的今天這個時代，尚未正式獲得國際認可，但已被環境科學家、社會學家和經濟學家廣泛使用。

7 Steele D.H., Andersen R. and Green J.M., «The Managed Commercial Annihilation of Northern Cod», in *Newfoundland Studies*, 8(1), 1992, pp. 34-68.

軟體動物、甲殼類動物、魚類、鯨豚類和海鳥，對其他物種的生命周期或多或少都有影響。

這一點也適用於人類。大自然是由多元元素組合而成，我們常常忘記多元這個名詞。人類是這個網絡中的哺乳動物之一，而海豹是這個錯綜複雜又緊密相連的關係網絡中的一員。

再者，在直線方程式裡只放入海豹和鱈魚兩個變數，是加拿大政府聘請的顧問團隊犯的嚴重錯誤，他們忽略了人類在這個問題上扮演的角色。

事實上，過度捕撈，或是過度剝削現象，正符合所謂共有財悲劇[8]，或集體資源悲劇的定義。

如果有越來越多漁民只顧及自身合法利益，開著他們的遠洋漁船湧入北大西洋競相捕撈同一種魚，鱈魚的捕撈漁獲量勢必高於鱈魚的再生率，也就是說，超過鱈魚繁殖增生的能力。

或然率評估和正確的不確定性管理是有幫助的，只要我們記住演化的複雜性在於重複一百次演化史，會得到一百個不同答案。

8　Garrett Hardin, «Tragedy of the Commons»,in *Science*, 1968.

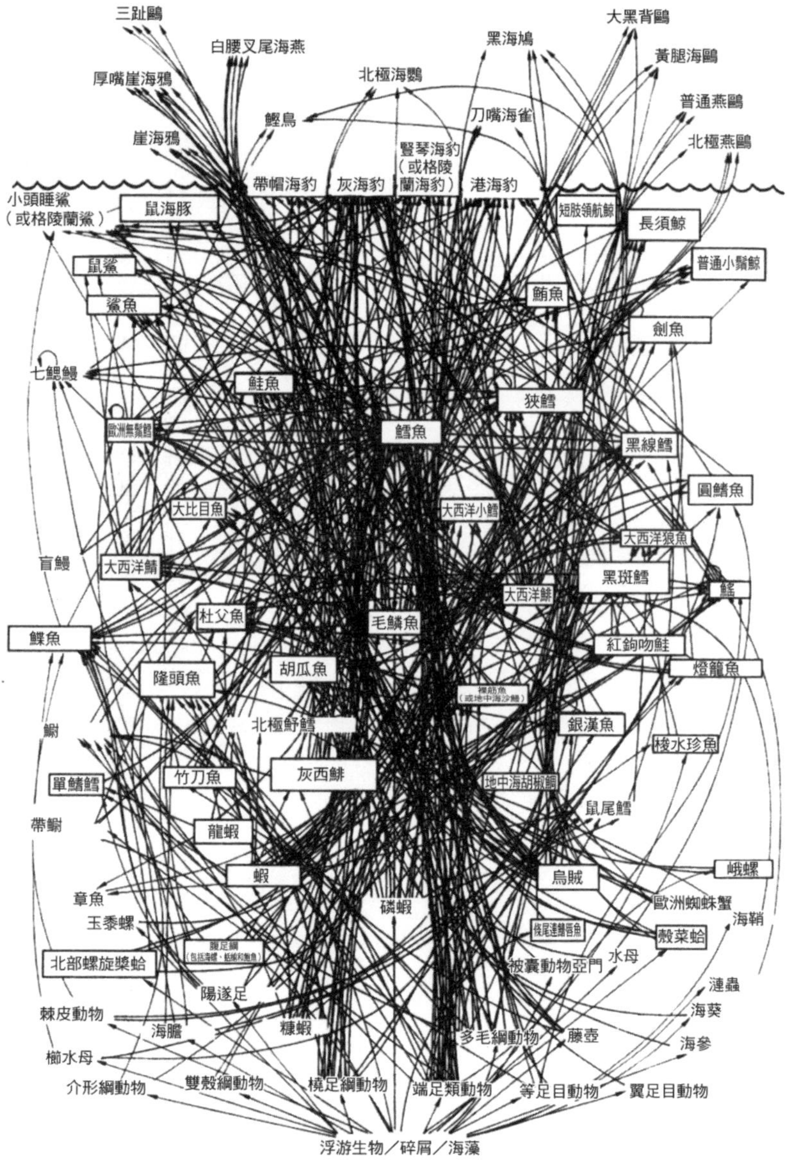

圖二　北大西洋魚類食物鏈圖示

複雜氣候模型無論重複多少次也是如此，跟蝴蝶效應一樣，一個變數的微小變動就會導致地球平均溫度上升。

我們無法清楚準確說出全球暖化何時發生，實際上升溫度多少。但學會或然率評估可以幫助我們、且必定能幫助我們理解那些非線性現象。

我們要提高警覺，避免重蹈鱈魚覆轍！

第五章

無力感

我們為何覺得自己微不足道

父親過世後那段時間，我常上來這裡。我想像這個世界是一個巨大的機械裝置。機器沒有多餘的零件，零件數量總是剛剛好。所以我想，如果這個世界是一個巨大的機器，我不會是多餘的。我在這裡肯定有原因，你也是。

這段話出自雨果・卡柏瑞，他是二〇〇七年美國作家布萊恩・塞爾茲尼克以生花妙筆寫成的《雨果的祕密》[1]男主角，二〇一一年導演馬丁・史柯西斯將故事搬上大銀幕，這部抒情電影讓雨果成為經典人物。故事背景是十八世紀三〇年代的巴黎，孤兒雨果是社會邊緣人，他的嗜好是尋找壞掉的時鐘並修好它。簡單來說，那是他的人生使命：藉由修理壞掉的時鐘，他發現了故障機器人背後的祕密，也修復了失去父親的創傷。那是關於電影崛起之初的扣人心弦故事，主角在如同一顆巨大齒輪的世界裡找到了自己，和自己的位置。

這一章便是從這個概念的抒情面向出發，深入探討我們跟周圍環境的關係，以及我們對全球暖化問題的潛在影響，面對如此艱巨的挑戰，渺小的智人可以做什麼呢？

1 Brian Selznick, *The Invention of Hugo Cabret*, Scholastic Press, New York 2007.

我們面對氣候變遷問題覺得無力又無助，是無法迴避的共同感受，正因為如此，我在這一章要探討的是，讓我們在最後一刻選擇展現某種態度的原因為何，以及如何與居住在地球上的其他人類互動。在生物學家口中真實存在的當下這個人類世地質時代，陸地環境的物理、化學和生物特性，或局部或全面都受到人類活動的影響，其中特別值得注意的是大氣中二氧化碳和甲烷的濃度上升問題。

這一步往前跨得有點大，但是認識自己和自己的角色，認識對我們和他人生活造成衝擊的決策環境特性，是環境變遷心理學的基礎。

一如強迫自己不斷修理時鐘以尋找自身生命意義的雨果，我們應該想想日常生活中流逝的時光，停下腳步認真思索關於人類這個物種的幾個關鍵問題：除了我們為何在這裡之外，還有我們「如何」在這裡，打算「如何」為人類建構此刻輪廓依然模糊的未來。

接下來我會用社會學理論來說明人類是（及為什麼是）能夠思考自身以外事物的造物，能夠擺脫無能為力這個薄弱的藉口，建立物種的同一性，意識到自己確實會對地球造成影響。

畢竟人類世的意義就在於，拋開那些沒有意義的藉口，承認身為生物的我們有責任與周圍環境互動並改變它，而此舉很可能會改變未來的軌跡。

包括尤瓦爾・諾瓦・哈拉瑞（Yuval Noah Harari）[2]在內的人類學家和歷史學家，都試著解釋智人因為演化動能所以能在與其他物種競爭時占上風，並藉由智慧型哺乳動物散佈流言蜚語和大規模祕密合作的特性和特徵不斷演化。

過於簡化當然有風險，不過人類是唯一有能力建立大型社群的哺乳動物，這個社群共享有利資訊（流言蜚語是有助於取得優勢的一種能力），可以與同一物種的其他造物互動，但不需要與他們有任何血緣親屬關係。

從生存在複雜的社群環境組織結構中的「我」這個角色跳脫出來，就能生出決策空間，回應雨果・卡柏瑞的疑慮和備受打擊的環保主義者的糾結：渺小的我可以做什麼？

因此，我們接下來要分析賽局理論的幾個概念和結果。賽局理論是數學的一個分支，研究的是必須選擇採取何種行動的兩個決策者之間的策略互動，以簡易方式理解有時會影響我們行動的決策發展過程。

2　Yuval Noah Harari, *Sapiens: A Brief History of Humankind*, Vintage, 2014.

賽局理論

賽局理論面對的都是假設性問題，與現實無關，傳統賽局模式是一個決策點只有兩個人在可用選項矩陣中互動，關於這部分之後會再做進一步討論。許多案例描述的社會困境，體現了「搭便車者」（Free-rider，或稱「機會主義者」）面對的真正挑戰，全世界有許多人都面臨挑戰，特別是為了面對潛在道德質疑，能夠展現文明或負責任的一面，替自己找理由的那些人。

我說的質疑，是我們一生中早晚會遇到的困惑：我要不要插隊？我搭地鐵可以不買票嗎？我可以在工作團隊裡不出一份力，照樣獲得專案完成後的獎勵嗎？

以地球暖化為例。氣候變遷若趨緩，地球上所有人都受惠，雖然許多人其實並未直接為減少碳排放做出貢獻也同樣受惠。

我們從區域性實證出發，一步步分析。由貼近日常生活的現況切入，往往更容易理解某些行為和想法。

時至今日，東南亞某些地區依然有許多農民共用農耕灌溉系統，這種系統需要不斷投入新的資金定期維護。每位農民得決定出多少錢，這是典型的公共財成本分擔問題，跟地鐵票一樣，社群全體都受惠於灌溉系統，但如果有農民不願意出錢，其他農民就得分擔費用，讓系統得以運作。

我們用一個策略互動的例子來說明。假設有四個農民在考慮是否要出錢維護某個灌溉設備，平均每個人得出資十歐元。這個數字當然是虛構的，是為了讓我們更容易理解每個抉擇背後的考量。只要有一個農民出資維護這個公用設備，四個農民都能因為灌溉而提高收成，假設每個人獲益八歐元。

如上所述，分擔灌溉設備費用是典型的分擔公共財成本案例，換言之當某個人享用公共財或公共服務的時候，並不會影響其他人的享用權利，我們經濟學者稱之為「消費的非競爭性」。

我們從其中一位農民的觀點切入，姑且叫他謝爾頓[3]吧。

如果拉吉不分擔，而由另外兩位農民李奧納多及霍華分擔灌溉系統的費用，謝爾頓會從他們二人身上分別得到八歐元的收益，如果他自己不出錢，那麼他的總收益是十六歐元。

3 取自影集《生活大爆炸》。

如果謝爾頓決定出現分擔灌溉系統的費用，他會再獲得八歐元的收益（另外三個農民也是），不過他的支出是十歐元，所以他最後賺到十四歐元。

謝爾頓和這兩位農民之間的策略互動結果，整理如下：

因李奧納多及霍華分擔費用而獲得的收益＝十六歐元（八＋八）

因自己分擔費用而獲得的收益＝八歐元

分擔公共財的成本支出＝十歐元

總計十四歐元

謝爾頓做決定時，他已掌握下圖顯示的資訊。

公共財賽局：社會困境

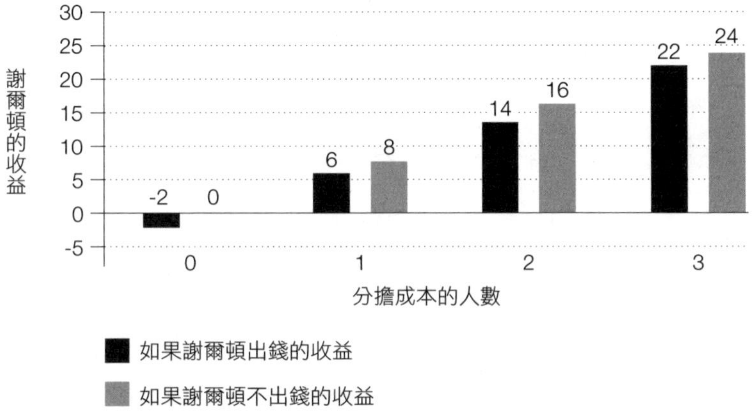

如圖顯示，謝爾頓的決策取決於他的總收益，也取決於決定分擔灌溉系統費用的農民人數。顯而易見的是，淺色條形圖都比深色條形圖高，換言之，謝爾頓若決定分擔公共利益成本，會比他選擇當機會主義者賺得少。

這就是全球暖化在世界各地遇到的社會困境。不管李奧納多、霍華和拉吉決定怎麼做，只要謝爾頓不出錢，他的收益都比他決定當一個負責任的人高。

所以不管其他國家決定怎麼做，只要我們不承擔可減緩氣候變遷問題的政策費用，就可以當作沒事，坐享其成。根據最近一次分析，正因為如此，許多國家都拖延至最後一刻才做出溫室氣體減量排放的具體承諾，因為如果其他國家先行，我（單一國家）就能從中獲益，在製造汙染的情況下生產，付出較少成本，創造更多收益。

套用賽局理論的說法，不出力（或不合作）是主導策略。

賽局理論的代表範例是囚徒困境。

搶匪辛納德和哈皮納斯被警方逮捕，但是沒有足夠證據指控他們犯

		哈皮納斯	
辛納德		認罪	不認罪
	認罪	(10, 10)	(0, 20)
	不認罪	(20, 0)	(1, 1)

下搶劫案，僅能起訴他們非法持有槍械，刑期只有一年。警察決定將他們二人帶至不同房間分開偵訊，告訴他們認罪協商的結果：如果兩人之中有一個決定坦承不諱，而另一個堅不吐實，認罪的那個人會被釋放，不認罪的則會因持械搶劫判處二十年徒刑。如果辛納德和哈皮納斯都不認罪，那麼兩人都將因非法持有槍械入監服刑一年，如果兩人都認罪，警察就取得搶劫罪證，可以把他們關進大牢服刑十年。

上頁的支付矩陣表，顯示出每個參與者跟對話者之間策略互動的可能結果。括號內數字是身陷困境中的囚徒預期的結果：第一個數字是列（辛納德）的刑期，第二個數字是欄（哈皮納斯）的刑期。

為什麼叫囚徒困境？

因為不管另一個人做何選擇，從自身觀點出發，都是認罪比較有利。

假設我們是辛納德，如果共犯認罪，那麼辛納德最好也認罪，這樣刑期會是十年，而不是二十年。

萬一哈皮納斯不認罪，辛納德最好還是認罪，因為他會獲得釋放。

理性來說，認罪是主導策略，但是辛納德和哈皮納斯認罪之後，兩人都要坐牢十年；反之，若無人認罪，則只要坐牢一年。這就是囚徒困境。

從個人利益角度出發，合作對自己有利無害。

謝爾頓和其他農民友人的公共財案例也是一種囚徒困境，不過參與者人數較多。如果四個農民只關心自身的金錢收益，有一個主導平衡策略，那就是無人出錢，大家的收益都是零。或是，大家都出錢，每個人都能賺到二十二歐元。如果大家互相合作，每個人都受惠，但如果不管其他人做什麼，每個農民的最佳選擇是利用他人，自己當機會主義者。

幸好實驗案例是理論，實際應用得看田野調查。其實人類比邏輯推演以為的更具合作性，這也是之前談到演化策略緩慢但持續進行的結果。

諾貝爾經濟學獎得主伊莉諾・奧斯壯（Elinor Ostrom）的學術生涯全都投入在研究有助於推動公眾利益而非個人私利的制度環境和社會規範。我們的判斷，以及身為社群成員的我們希望簡單的公平規則能受到尊重，也會有所影響。然而公平和效率未必能並行不悖，有時是彼此的助力，但往往互相衝突，為了瞭解兩者之間如何互動，還有另一個實驗叫做最後通牒賽局。在全世界進行的這個實驗，對象包括學生、農民、倉庫工人，以及遠離工業化文明的原住民社會中的狩獵者和農耕者。[4]

---

4 許多實驗都詳細記載在：Nicholas Cristakis, *Blueprint: the Evolutionary Origin of a Good Society*, Little, Brown and Company, New York 2019.

這些實驗對象參與的賽局是以金錢為標的物，至於能贏多少錢，端賴自己和其他參與者的表現。跟之前描述的公共財賽局一樣，這是一種策略互動，每個人的收益取決於其他人的行動。這些發表在科學期刊上的實驗中使用的都是真錢，否則我們無法保證受試者聽完假設性問題後的反應，與現實生活中的行為是否一致。

最後通牒賽局如何進行？

首先將實驗對象隨機分成兩人一組。

任意指派其中一人擔任提議者，另一人擔任響應者。

實驗對象互不認識，但他們知道另一名參與者是以同樣召募方式來的。除此之外，他們獲得保證全程匿名進行。

負責實驗的人會交給提議者一筆錢，假設金額是一百歐元，並要求他將部份金錢分給響應者，金額由他分配，全部留給自己或全部贈予對方皆可。我們可以將這筆錢視為一塊「蛋糕」，因為實驗重點在於參與者如何分配它。

分配的格式是「X給我，Y給你」，而X加Y等於一百歐元。

響應者知道提議者手中有待分配的一百歐元。

等響應者知道分配結果後，他或她可以選擇接受或拒絕。

如果響應者拒絕，雙方就兩手空空回家。

如果響應者接受，那麼這個賽局就生效，提議者可以獲得X，響應者可以獲得Y。

舉例來說，如果提議者決定分出去三十五歐元，而且響應者接受，那麼提議者可以獲得六十五歐元，而相應者則可以帶著三十五歐元回家。如果響應者拒絕，那麼雙方就什麼都沒有。

這是取或捨的選擇，因此被稱為最後通牒賽局。

賽局樹

我們把這個最後通牒賽局案例簡化後，用名為「賽局樹」的樹狀圖來表示。提議者的選擇有兩個，一是公

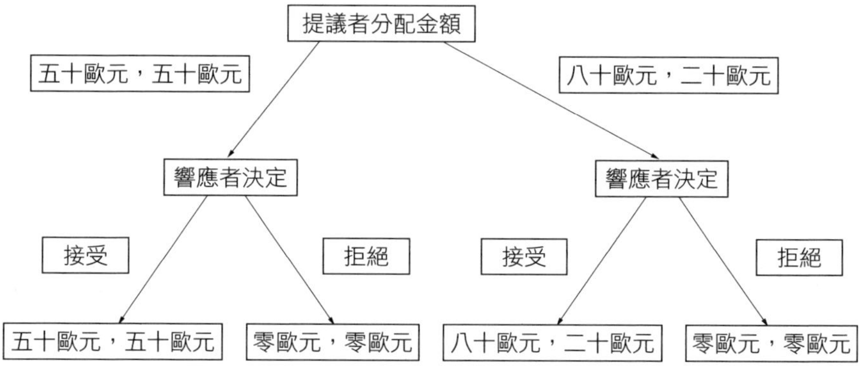

平均分，每人各得五十歐元；一是提出給對方二十歐元，換言之，提議者自己留下八十歐元。之後由響應者選擇接受或拒絕。

實驗中的提議者只有兩個選項，但是可以選擇任何金額分配，包括全留或全給。而簡化版同樣只有兩個選項，但只有公平與不公平之別，有助於分析參與者之間的互動。

賽局樹是有效呈現各種社會互動的一種方式，因為可以清楚顯示誰做了什麼，何時得做選擇，以及預期結果是什麼。在最後通牒賽局中，我們看到其中一個參與者（提議者）先選擇了他的策略，之後換響應者選擇。這種互動方式是逐步發生，因為每個參與者在採取行動之前已經知道另一個參與者先前的行動（跟上一節描述的囚徒困境不同，囚徒困境的互動方式是同步發生，所有參與者必須在同一時間做出決定）。

策略互動

提議者最終得到什麼，取決於響應者的行動，所以前者應該思考後者可能的反應，這就是所謂的策略互動。如果你是提議者，你不能出低價再看發生什麼事，你只有一次出價機會。請你回答下列問題：

假設你是最後通牒賽局中的響應者，你會接受一百歐元均分？還是八十歐元和二十歐元？

如果換你當提議者，你會如何跟賽局另一位參與者分一百歐元？如果另一位參與者是你的朋友，或是陌生人，或是弱勢族群，或是你的競爭者，你的答案會因此有所不同嗎？

有些訊息可作為我們回答問題的參考。

平均分配有價物資是許多社群的社會規範，送生日禮物給近親好友便是如此。社會規範為群體所有成員的共識（幾乎人人都遵守），告訴你面對社群中多數人應該做什麼。建立大型社群要從內化約定俗成的義務和互惠原則這些規範開始。

如果響應者認為提議者分配的金額違反了公平這項社會規範，或因為其他原因出價過低，可以選擇犧牲自己的報酬以懲罰違背規範的提議者。

從理性邏輯的角度來看，如果你在最後通牒賽局中是響應者的角色，只在乎最終收益，那麼理論上你應該接受高於零元的出價，即便只是一歐元。

因為無論對方出價多低，客觀來說都比沒有好。但如果你很在意公平，而提議者出價偏低，你認為不公平，可以選擇拒絕。

如此一來，你和提議者都分不到錢。這個結果形同丟掉一百歐元，沒有進到任何人的口袋裡，顯然不划算。

在這個人人為己（如果我們不想用「自私」來形容）的世界裡，大家都明白所有參與者的目標相同，就是個人利益最大化。提議者認為響應者最後一定會接受大於零的金額，因此他會盡可能壓低出價。

這個預測與實驗數據吻合嗎？

大家可以鬆一口氣，答案是不，不吻合。就像解釋囚徒困境時所舉的公共財賽局案例數據，反駁了人人自私自利的觀點。出價過低時，響應者每次都會拒絕。只要花一歐元就能懲罰一個自私的人，幾乎不費吹灰之力，可以想見大多數人都樂於做此選擇。

大家普遍厭惡不公平。借用雨果．卡柏瑞的話，大家都對認同共同規範的社群有一種歸屬感，因為這樣的社群在世界這個大齒輪中有自己的角色和功能。

集體理性：如何鼓吹集體意識

該如何克服無關宏旨的阻力，營造有助於社群意識及人類歸屬感自發覺醒的環境呢？在社會科學文獻中，有一個不錯的方法叫做「集體理性」。

這個說法來自英國哲學家馬丁・霍利斯[5]，其概念是建立一個超越純功利主義的理性思維，以便在分析行為時能有效地納入互惠性和關聯性。實際上，那是一種典範轉移，從典型功利主義取向的「這個行動會為我帶來好處」結果論思維，轉移成「我是參與會為大家帶來好處的集體行動」思維。

想想全球暖化問題，讓人類行動套上這個邏輯框架至關緊要。

集體理性這個做法成效卓著，因為跟經濟學者卡爾・波蘭尼（Karl Polanyi）或塞吉・拉圖什（Serge Latouche）主張從整體觀點思考形成鮮明對比。他們的倡議是把傳統價值當作安全避難所，以彌補個人因素造成的表面消極損害。寧靜「棄成長」是以消極人類學理論為本，因應過度剝削的做法是讓人自我犧牲回到禁欲狀態。霍利斯的做法較具啟發性，對理

5 Martin Hollis, *Trust Within Reason*, Cambridge University Press, Cambridge 1998.

性行為的認知不變，但是擴大其範圍以理解內在關係性。

> 我們需要一個更具社會性的概念來表達人是什麼，還要尋找跟人所扮演的社會角色更緊密結合的一個願景，好讓我們理解為什麼世界往前進，同時有助於我們展現人性面。[6]

讓我們以大學課程為例，來看構成性關係行為。如果有一門課未強制出席，學生要不要去上課的依據不是單純個人選擇，還會考慮某個閥值（口語說法就是「夠多」），換言之，教室裡最少要有多少學生，他才會決定走進去。

換一個更淺顯易懂的例子。你若受邀出席一場你並不是很想去的婚禮，你的最後選擇取決於你有多少朋友決定參加。

為什麼分擔公共財成本的人有時候會介意搭便車的機會主義者，但在某些情況下不介意？我想，根據「夠多」邏輯，多數人都願意參與分擔，只要他覺得有某種歸屬感。因為相信有夠多的捐血人捐出夠多的血，才會有人加入捐血的行列。所以仰賴利他主義的公共財得看分擔人數是否夠多到足以保障集體利益，是否有夠多的參與者讓大家覺得分擔公共財這件事值得參與。要「夠多」才會「夠多」。[7]

我們可以用集體理性來詳加解釋為何有些標準型賽局的結果互相矛盾，例如，為什麼總是會看到某種程度的緊密合作。

其實賽局理論隨著時間有了諸多演化，還有行為賽局理論因應而生。[8]近年來許多實驗室試驗證明囚徒困境（非重複發生，僅發生單次的囚徒困境）中決定合作的比例在百分之四十到五十之間。若實驗對象所受教育偏重人文，或缺乏經濟理論基礎，也會得到相似結果。

問題是，那些不顧一切決定合作的人之所以那麼做，難道是因為他不理性嗎？還是，只要他合作，就無論如何都會被視為是理性行為？是什麼原因促使那些所謂「少數先見之明者」憑良心行事呢？

---

6 同上。

7 同上。

8 關於行為賽局理論，請參看Martin Osborne and Ariel Rubinstein, *A Course in Game Theory*, The Mit Press, Cambridge 1994.

韓國電視影集《魷魚遊戲》描述四百五十六個人為了贏得高額獎金，參加六項兒童遊戲的過程。他們走投無路，貧困潦倒，因為負債累累，不惜一切代價也要贏得最後勝利的獎金。數百個互不相識的陌生人，為了迫切需要錢而齊聚一堂，展現智人衝動、獸性的一面。當智人一無所有，就會變成為求生存沒有道德底線的哺乳動物。

另一方面，這個影集對內心的深度刻劃呼應了一個沉重問題：究竟「人」之所以為人，其特徵是什麼？

面對絕望帶來的逆境，智人會大度為他人著想？或是出於本能，只顧自救活下去？會像英國政治哲學家霍布斯[9]說的，人類在面對他人時表現得像一頭狼，還是有可能萌生物種的集體同一性？

「集體理性」的概念架構有兩條橫向主軸，有助於我們解惑：一是「集體思維」，跟囚徒困境一樣，凸顯人在不確定狀態下，有可能近乎出於本能地感知到如果合作會帶來什麼結果（收益），並得以清楚掌握集體利益的優勢和好處。我們從辛納德和哈皮納斯的視角，來談談人可能選擇不認罪的深層動機。

當人有了某種歸屬感，開始認同特定團體，就會從「我們」之類的團體角度思考事情。至於為何會觸發這個認同團體的行為，我們可以透過心理學的框架效應概念來解釋。就像是人腦的認知結構中的笛卡兒坐標系被啟動，因此坐標軸不再以「我」為中心，改以「我們」為中心。

另一方面，「集體思維」中的理性在分析決策問題時引入了互惠理念，換言之，「團隊推理」只有在每個人視自己為團隊一部分、相信團隊其他成員也會合作的情況下才運作。簡而言之，得合理確保大家可以表現得像是在同一個系統裡，而不是多個個體的總和。這是一種「相信社群理念的智慧」。[10]

接下來以我們日常生活中難免會遇到的問題為例。假設我們得決定是否要按照正確的分類丟垃圾，例如披薩盒，要丟一般垃圾桶，還是廢紙回收箱。我們面前有兩個可能性：

一是突然想到如果我們的城市能少一點汙染，我們對住宅環境應該負起更多公民責任，那麼我們就會做出正確選擇。

9　霍布斯（Thomas Hobbes, 1588-1679），主張自然狀態下，人類行為都是自私的，生活是所有人對抗所有人的一場戰爭。為了自保，人會理性地與君王簽訂契約，服從領導，建立市民社會。著有《利維坦》（*Leviathan*，或譯《巨靈論》），闡述他對人、社會、國家與政府的看法。

10　英國經濟哲學家羅伯特・薩格登（Robert Sugden）也主張«common reason to believe».

二是考慮做垃圾分類的個人成本（付出體力和努力），以及收益（省下時間）。

如果心裡想的是「我們」，就有可能積極認真地去做垃圾分類。

假設我們決定負起公民責任，每天早上拿著自家垃圾去大樓垃圾集中區分門別類丟進不同垃圾箱。在那裡會遇到跟我們一樣，花時間和精力做垃圾分類的其他住戶，也會遇到把所有垃圾丟進未分類垃圾箱裡的住戶，因為這麼做比較簡單，省時又省力，但如此一來他們在垃圾分類上沒有做對的選擇。

就上述兩個做法來看，如果個體做垃圾分類對集體帶來的利益大於無人做垃圾分類的利益，我們就會繼續做下去。但是如果我們沒有感受到「大家都會這麼做」，即大多數鄰居都會自發地進行正確垃圾分類的保證，我們就不會再繼續參與：因為意識到大樓住戶不合作會讓人感到失望，進而決定不再仔細做垃圾分類。

思維主體是「我們」，換言之，我不只是我，而是負責任的我們之中積極的一員，必須「保證」會有相當高比例的合作者，我才會選擇合作。

我們最初舉的例子是一門不強制出席的大學課程，有些學生會固定出席，有些學生從不來上課，但大多數學生只在教室裡有足夠多學生的時候才會進教室。

所以，要「夠多」。

然而數千年來，人類面臨的關鍵問題，正是多少才夠多？

其實答案因人而異，一般來說，每個人心中都有一個未曾言明的閥值，作為是否進教室上課、是否接受邀請參加婚禮的依據，如果預期在教室或婚禮現場看見的人數大於或等於這個「夠多」，「去」的信號就會亮起。

否則我們會選擇留在家裡，或找個藉口缺席。

我們視自己為氣候變遷的主角，只要我們願意採取行動就能因應全球暖化問題或減緩暖化影響，這麼做的意義在於找出把少數人意見轉變成主流想法的那個「夠多」的閥值。

一個很貼切的例子，是甘地領導的印度獨立運動中的一個事件：鹽稅長征[11]。最終大獲全勝的這起關鍵事件，最初僅數十人圍繞在甘地「聖雄」身邊。當時以為參與者只有少數高瞻遠矚者，到了關鍵時刻，卻出現沉默的多數，印度洋岸邊的抗議人潮綿延不絕。這些人很可能傾向「集體思維」，他們之所以決定加入長征隊伍，是因為參與抗議的人數超過了「夠

11　印度國父甘地年發起的不合作運動之一，發生在一九三〇年三月十二日，因英國殖民政府控管食鹽生產與銷售，並提高價格與稅收，甘地帶領民眾步行至印度洋岸邊煮海水為鹽，以示抗議，持續二十四天。

多」門檻，促使他們採取行動。

今天，我們想想「未來星期五」這樣的運動，想想世界各地有數百萬年輕人加入童貝里發起的一次次抗議活動，我們應該有機會再看到類似鹽稅長征的結果。

有一點很有趣，但大家在思考社會變革可能性時常常忘記，那就是推廣理念，並不需要超過半數以上的人認可。

是否能夠藉由緊密合作達到平衡，取決於主體是否具高度「集體思維」和「群聚效應」，達到一種半固體狀態，可以是受到啟發亟待改變的我們，或所有齒輪已經安裝就緒的一台機器。

當然還有一些客觀條件，例如合作成本，也有比較主觀的條件，例如是否能「保證」有夠多的其他人一起合作。

要讓一個人覺得自己屬於某個群體或社群有諸多因素，其中兩個格外重要：一是有共同利益（至少要有兩種方案，且其中一種比另一種更能保證雙方利益），一是覺得相互依存（沒有人能獨自決定何為最佳方案）。對這些條件的認知會因互動的對象和環境改變而改變，但此一認知有利於合作及合作策略的擬定。

系統再次展現其數學複雜性，或者可以說是雨果・卡柏瑞再次在地球人類的運作機制中找到自己的位置。

這一章最後，我們來看看科學家蘇珊・希瑪德（Suzanne Simard）在加拿大森林做的植物學創新研究[12]，可望振奮士氣重燃希望。

希瑪德和她的團隊為調查生物網絡行為，進行長年實驗。每當我們說到森林或樹林，往往只關心地面上，以為面前只有一望無際的樹木。其實森林更精彩的在地面下，那是一個彼此交談的樹根系統。

希瑪德將幾株樹的樹根隔離開來，以瞭解當社群（森林）中有成員遭到孤立，面臨生命危險的時候，其他植物做何反應。放任它去死？還是會伸出援手？

結果顯示，當森林中有一株樹的命脈被切斷，身處危險中（它可能倒下，其效應可能危及整個系統），其他樹木會向這株被孤立的樹提供養分。

這個結論充滿啟發性，簡而言之：即便沒有大腦的生物也會選擇最能保障其生存的合作策略。

12　網路上可以找到蘇珊・希瑪德教授在ＴＥＤ介紹相關研究的精彩演講。

回頭來看人類社群，複雜的社會互動很迷人。有義大利研究員發表一篇論文，是從實證角度切入探究為何斯堪地那維亞社會是社會資本和公民行為最普遍的社會。[13] 數世紀前北歐國家古氣候的溫度和降雨量數據顯示，在收成充滿不確定性和波動性的農業社會，惡劣的氣候條件正是促使不同村莊的居民願意引進防止農作物歉收的互助保險制度分擔風險的關鍵原因。

合作因應極端現象，成為維護集體利益的主導策略。早年因為條件惡劣而展開的合作，轉化為數世紀來亙久不變的文化因素，社會整體更重視重新分配和社會正義，因此今天的斯堪地那維亞國家獨樹一格，完善的社會福利也成為北歐國家的特色。

文化與演化再次結合，讓雨果認識人體機器每個齒輪的功能。

13　Ruben Durante and Johannes Buggle, in *The Economic Journal*, July 2021, vol. 131, n. 637, pp. 1947-1987.

第六章

如何看見看不見的

辨識房間內大象的手法

混亂並非一口井。混亂是一座梯！許多試圖攀爬的人失敗後就不再嘗試，從梯子上跌落的他們一蹶不振。有些人明明有機會往上爬卻拒絕，他們寧願守住王國，或守住神祇，或守住愛情。但那些都是幻影。只有梯子是真實的。唯一該做的就是往上爬。

這段話出自史詩奇幻影集《冰與火之歌：權力遊戲》中的一個角色，綽號小指頭的培提爾．貝里席。我們先前討論過複雜性和系統性問題，理解氣候變遷現象無法以二元邏輯處理。也舉例說明感知錯誤、思維陷阱，以及當我們必須決定採取哪些行動或行為以面對現實不確定性時的無力感。

貝里席這段話讓我們停下腳步，靜思冥想，觀察這個複雜性，或觀察這個難以言說的混亂，直觀感受其美，或至少對它心生敬畏。

就像地球暖化問題的弔詭之處在於它存在，而且是龐然大物。我們把它描述成一個幽靈，繞著地球轉，像一頭灰犀牛，或讓我們再次引用經典說法，像房間裡的大象。它的碩大凸顯了我們的渺小。我們雖然說它「看不見」，但跟傳統幽靈的概念有點不同，更接近哈利波特的隱形斗篷。外在世界看不見哈利波特，但這個小巫師的行進和行動都如假包換，在意想不到的時候掀開幻影斗篷，蓄勢待發的他便能打得對方措手不及。

貝里席在《冰與火之歌：權力遊戲》中說的這段話很美（原著小說前言就提早出現），用來形容氣候這個「超物體」[1]的複雜性也完美契合。

在冷冽寒風呼嘯的王領大地上，主旋律被冗長反覆的執念所消解，因此瓊恩·史諾這個古怪的英雄人物有時特別叫人難以忍受。讀者、追劇者，甚或王國每個臣民關注的焦點，都集中在貫穿整部小說和每一季影集的蘭尼斯特、史塔克和坦格利安幾個家族之間的血腥衝突和征戰。

象徵人與自然之間協議破裂、完美隱喻氣候變遷的異鬼帶來的威脅，也隱身在故事背後，只不過《冰與火之歌：權力遊戲》的故事背景是永恆冬日，而不是面臨暖化問題的地球。

儘管我們從故事一開始、小說第一頁就知道「凜冬將至」，應該設法阻止它發生，結果卻忙著關心提利昂的狡詐多智、瑟曦的傲慢和龍母丹妮莉絲的龍噴火多兇猛。

我們疲於奔命，直到影集最後一季都還無法決定是否先把王位爭奪放一邊，花十五分鐘看一下夜王這個大反派，以及艾莉亞·史塔克如何用閃閃發亮的匕首刺殺夜王成功。

而我們卻不斷對全球暖化之神說：「今天不要來煩我。」

為什麼？

我們來做個例行的視覺化實驗。假設大家相約在聖彼得廣場上集合，入口處的電子計數器會顯示陸陸續續抵達的人數總和。

一、二……一百……一千……。

大家井然有序地站在廣場上，計數器不再跳動，螢幕上顯示一個十分可觀的數字：十五萬。

這時候，廣場上擴音喇叭傳出機械化的廣播聲音說：「根據世界衛生組織估計，今天死因與氣候變遷直接相關的人數為十五萬人。」[2]

下一秒，廣場上空無一人。

每年十五萬人，差不多是薩丁尼亞島首府卡亞里（Cagliari）的人口數。

十年是一百五十萬人，差不多是米蘭市的人口數。

1　「超物體」（hyperobject）是英國哲學家莫頓（Timothy Morton）提出的生態哲學概念，他認為超物體不同於傳統物體，雖是確實存在的實體，但不在特定時空，而是隨即分布的。例如全球暖化就不是我們可以直接掌控的傳統物體，而是具複雜相互作用的超物體。

2　世界衛生組織相關研究報告請參考下列網址：https://www.who.int/publications/cra/chapters/volume2/1543- 1650.pdf?ua=1.

這是今天的死亡數字，若是預估遙遠的未來，數字肯定會更嚇人。

這不是偵探推理小說，因為我們談的不是線索，而是散落在時間長河中無可辯駁的證據，內有我們可以完全掌握的數據。

二〇〇三年夏天，氣候學界皆說那是漫長炎夏，在法國巴黎，與熱浪來襲相關的死亡率顯著上升百分之七十，死亡原因可直接歸咎於氣候的約六百人。

光一個夏天就造成六百人死亡。[3]

之前談思維陷阱和捷思的時候，我說過世界上恐攻受害者比暖化問題的受害者少很多（巴黎巴塔克蘭劇院事件有一百三十人喪命），這些悲劇和暴力殺人事件當然要譴責，然而事實擺在眼前，氣候異常的後果可能比神風特攻隊發動攻擊更嚴重。

如果這些例子無法說服你，發表在《自然氣候變遷》期刊上的一篇論文[4]，讓事情看起來更超現實。由位於柏林的莫卡托全球公域與氣候變遷研究所（Mercator Research Institute on Global Commons and Climate Change）和氣候科學分析中心（Climate Analytics）研究員共同撰寫的這篇論文，借助機器學習的半自動化過程，分析自五〇年代至今約十萬份關於氣候變遷影響的科學文獻資料。經進一步人工分析，研究員發現少數幾篇文獻確認了人類活動引發的全球暖化與氣候變遷的關聯，於是他們在劃分成小方格的世界地圖上，將所有整理過的文獻資料一一定位標示，比對氣候變遷影響數據跟只反映自然變化的氣候趨勢數據。結果顯示，因人類活動引起的氣候變遷已經對居住在地球表面百分之八十土地上的全球人口百分之八十五造成影響。

幽靈和大象幾乎無所不在。除了前幾章描述的認知機制外，接下來我想解釋一下當眼睛看不見真正重要的東西時（借用一下《小王子》的名言），我們的大腦裡發生了什麼事。一切都取決於如何詮釋數千年來詞義千變萬化的一個名詞：理性。

什麼是理性？我們何時會視某種行為是「理性」行為？面對這些問題，行為科學的重要貢獻在於擴大或淨化理性這個概念本身，不在於提供與其他學科不一樣的答案。

數千年來，那些聰慧的人類試圖定義何謂理性，發展出雖不完整但強而有力的各種隱喻。有的熱情又感性，有的則有自己的理由和計算。法國哲學家巴斯卡（Blaise Pascal）寫道，心有自己的理由，可是理性不明白；釋迦摩尼渴望成為馴象人，用帶鉤的棍棒讓大象聽

3 Daniel Mitchell et al., «Attributing Human Mortality During Extreme Heat Waves to Anthropogenic Climate Change», in *Environmental Research Letters*, 2016, vol. 11, n. 7.

4 Max Callaghan et al., «Machine-learning-based Evidence and Attribution Mapping of 100,000 Climate Impact Studies», in *Nature Climate Change*, 2021, 11, pp. 966-972.

命於他，有如智者控制自己的情感。

柏拉圖的《費德魯斯篇》，用車夫神話展現出或許未臻完美但極為現代的理性遠景。手握韁繩的車夫代表理性，他駕馭的兩匹馬往相反方向前進：白馬象徵高尚的靈魂（thymeidés），帶領馬車前往理性世界；黑馬則象徵容易受肉體誘惑和被原始本能弱點驅使的靈魂（epithymetikòn）。理性駕馭馬車前往超驗之境（hyperuranion），那是勇者才嚮往的理念世界。從使用塔羅牌的象徵圖像可證，柏拉圖這則神話故事十分古老，榮格進行心理治療時也使用相同的圖像系統，特別是馬車意象。但這則神話故事同時非常現代，因為它並未劃地自限認為理性是靈魂（我們今天稱之為大腦）中負責規劃有序未來的那個部分。

先前介紹過，丹尼爾·康納曼用一個比喻將我們做決策時的大腦活動方式簡單分為系統一和系統二。系統一傾向更自發的、本能的選擇，例如遇到危險就逃跑；系統二則有我們的認知能力加入運作，例如算出四十二乘以七十八等於多少。

這些比喻很生動，而且框架清晰，足以解釋在哪些情況下有些事會變成看不見，而這一章開頭小指頭貝里席那段話中的梯子，遇到腳步匆忙急於攀爬的人就會隱去蹤跡。

其實這一切並無特殊新意，跟佛洛伊德區分我、超我和本我時腦袋裡所想，因為渴望愉悅促使我們追求即時行樂並在面對誘惑時舉起白旗，差別不大。

數千年來人類一直在為這個無解難題而煩惱，進而影響了我們對未來的某些想像：就像《星艦迷航記》的大副史巴克先生，代表一種願望的投射，他工於心計，面對危險總能選出正確解決方案，不受自己情緒左右。

對《星際大戰》的影迷而言，「原力」代表直觀理解難以定義之事的能力，超越了控制現實的思維模式。神經科學未能解決的這種張力，啟發了試圖解開大腦黑盒子、以獲取幾百萬年前物種開始出現人類的秘密之相關研究。

換言之，我們對現實的感知再次回到白馬和黑馬之爭，不過這一次，大腦是鍊金術士，知道如何配製多巴胺，這是負責愉悅和快樂感受的神經傳導物質，另外還會調配血清素，讓我們感到平靜和放鬆。

然而，當我們得在情感和認知之間做選擇時，沒有什麼解答是可以信手拈來的，無論是算術或化學的答案。如果經歷數十年或數世紀的研究能得到一個結果，或許答案就是這兩種靈魂之間確實有互相依存關係，就像完形心理學所主張，整體並不是可辨識的部分的總和那麼簡單。有時候我們會說，有些人是用肚子做決定，並非無稽之談，因為俗語稱肚子是腸型大腦。腸壁上確實有神經元覆蓋，透過迷走神經與大腦連結，這些神經元就像是管理廢棄物的區域性關卡。很多研究顯示，即便切斷這兩個系統的連結，腸型「大腦」（姑且稱之）依然保持一定的自主性。

我們來舉個例子吧。

腸躁症，就是這種自主性的產物。而且，腸型大腦對上述血清素之類的神經傳導物質會有什麼反應，其實難以預測。抗焦慮藥物贊安諾的服用說明書上羅列的所有可能副作用中，就有腸道不適症狀。所以重大事件前夕往往會有焦慮感，不過，只要情緒還在控制中，這種情緒有助於讓我們對事件有現實感，包括危機感。

所有一切盤根錯節，無法輕易拆解。傳統做法往往會用電腦這個圖像來形容大腦，它處理資訊，尋找最佳方案，儲存記憶。這個比喻顯然非常直觀，但也非常不完整。

我無意冒犯電腦科學之父艾倫．圖靈（Alan Turing），但是大腦不能拿來跟想以最快速度執行一系列指令的機器相比。

多年前，有另一個流行說法，把大腦粗略分為兩部分。一是邊緣系統，是大腦這個特殊器官比較老的部分，三個組成單位分別是下視丘（掌管基本驅力）、杏仁核（有產生情緒的功能）和海馬迴（儲存記憶的地方）；至於大腦內部，則有大腦新皮質，是人類有別於其他生物之處，掌管語言功能，也是做出具策略性和高難度決策的地方。

這種圖的優點是簡單，講述人類以基礎本能為核心，藉由灰質（即大腦皮質）的神奇發展，開始產生差異性和自主性的演化過程。不過，這種圖跟所有平面圖像一樣過於簡單，不足以反映真實樣貌。神經科學則套用普羅米修斯的故事（也向這位盜取天火的英雄致敬）談演化，描述大腦某個部分讓人類從奴隸狀態得到解放，展開理性和控制的時代。

我們是不是可以簡單地將情感和本能放逐到邊緣系統的深處，再用大腦皮質這張負責理性思考的金色包裝紙把它包裹成禮物呢？但在描述面對全球暖化這類顯而易見現象、人類卻視而不見的感知行為時，我們已意識到大腦的複雜性。

的確有許多研究顯示，大腦皮質嚴重受損的人更容易屈服於異常的性本能或性行為，或反常的執念。

總而言之，事情比想像的更複雜。

美國神經學家達馬吉歐（Antonio Damasio）及團隊多年的實驗成果證實，大腦新皮質是感受情緒的根本。一些中風或腫瘤患者因框額皮質受到不可逆損害，表現出缺乏感受及以言語表達情緒的能力，但理性論證和分辨社會行為規範的能力不受影響。

所以我們會去閱讀發表在《自然氣候變遷》上、彙整氣候變遷實際影響數據的論文，以及世界衛生組織評估全球暖化和死亡原因相關性的報告。

同時我們會繼續理性看待生活。

我們感興趣的是，沒有人想當史巴克那種不管遇到什麼情況，永遠都把邏輯放在首位、超級理性的超人或英雄，但是我們會在某個行動面前不知所措，就像你走進一家有上千種口味的冰淇淋店，無法在所有選項中做出正確評估。

事實上邊緣系統和大腦新皮質是協力合作，在面對一個問題需要作出選擇時，是情緒訊號促使我們採取行動，在各種可能性中傾向其中一個。至於（傳統定義的）認知理性部分則讓我們得以詳加解釋為何做出某個選擇。

就某方面而言，大腦運作其實並不像柏拉圖的馬車神話那樣，事實正好相反：我們基於情緒和即時反應做選擇，語言和計劃性則以某種方式試圖左右選擇。另一方面，就某個角度而言，邊緣系統是從人科到智人數百萬年演化的結果，大腦新皮質在人類史上則不過是眨眼一瞬間。

身為智人的我們終其一生都在跟反覆無常的氣候搏鬥，這個過程無法用偽善或疏忽之類的簡單說詞一筆帶過。

我們的選擇大多出於自動和本能反應，真正深思熟慮的選擇只占微不足道的比例。簡而言之，我們是先行動，之後才試著說服自己。

這就是房間裡的大象不容易被人看見的弔詭原因，因為牠太大了。

所以我們永遠在今天和明天之間拉扯，想要推遲，又忍不住衝動想要在今天做點什麼。面對那些所謂「精神式入侵」，我們不知所措，彷彿有一個惡魔在我們大腦中活動，這個惡魔是因為受控選擇和本能選擇之間的相互作用而生。

美國心理學家韋格納（Daniel Wegner）進行的實驗，就是為了暴露這個陷阱。舉例來說，你若要求一批人執行「絕對不能去想北極熊」的任務，他們的大腦灰質會為了執行這個指令而啟動，但是同一時間，又會不自覺地往與自動化反應想要的結果相反的方向前進，導致系統當機，莫名生出對北極熊的執念。然而，正是這種邪惡的魅惑力催生了人類幾件偉大的藝術作品：你們可以試試看，提醒奧菲歐千萬不要回頭確認妻子歐律狄刻有沒有跟在他身後，保證他妻子會重返冥府與他天人永隔。

只要你開口問自己是否快樂，你就不再快樂。如果氣候變遷的證據無所不在，你就會視而不見。

大腦只有一個，但是心靈像一棟集合住宅，而且裡面的住戶不大友善。究竟我們腦袋裡面發生什麼事，二〇一五年的動畫電影《腦筋急轉彎》有很精確的科學描述。小女孩萊莉因為搬家適應環境過程中經歷了各種價值觀衝突，備受各種情緒起伏困擾的她生出了心魔。

地球暖化問題應該還啟動了我們的美感判斷情緒。

想像我們走在羅浮宮，或翡冷翠市中心的美術學院，或紐約的現代藝術博物館室內，走過一間又一間畫室，忽然看見《蒙娜麗莎》或米開朗基羅的《大衛像》或梵谷的《星空》，會有一種飽滿的情緒油然而生，佔據你的心房，讓你忍不住脫口說出：

「真美。」

沒錯，是很美，但你如何解釋這個反應？

美感判斷是自動化反應的結果，受控選擇則費力尋找合適的表達文字。很多情況是這樣運作的，而且全都是不折不扣的自然反應：大腦的自然反應是數百年演化的結果，受控反應則是比較近代的事，前者比後者運轉更順暢一些。

就算種種數據和證據無可置疑，都無法將衝動反應轉化為行動，反而會激起一種集體否定的本能。就像身處在一個缺乏自覺的龐大傾聽互助團體中，一邊等待有人採取行動，一邊抱怨無人行動，同時為我們的惰性隨便找個藉口。

最後我們再借用維吉尼亞大學心理學教授喬納森．海特（Jonathan Haidt）的一個比喻。他研究的主題是幸福，以柏拉圖、釋迦摩尼和佛洛伊德的論述為例，提出了一個非常有趣的比喻。他把我們大腦中的紛亂簡化為兩個主角：一是大象，代表情感面向，也就是邊緣系統、反射和自動化反應；一是騎象人，也就是大腦中的新皮質層，負責語言表達和長期規劃。

大象和騎象人必須共事，換言之，希望能喚醒大眾關注全球暖化議題的行為設計師、政策制定者或倡議者，應該是一個努力研擬出可行路線的規劃師。

反過來看柏拉圖《費德魯斯篇》中的邏輯，大象（或灰犀牛）體型碩大，當牠往前衝的時候，很難掌控。騎象人如果有辦法輕鬆指揮大象，自然擁有發言權，這就是認知刺激的功能。之後會有一章討論這個議題。

然而對全球暖化視而不見是一種主動的壓抑，持續不斷地引導我們不去關注數據，在面對數據時不自覺地情緒鈍化。

「控制你的臉，你就能撒謊。」艾莉亞・史塔克在無面者刺客組織的入會儀式上對千面之神這麼說。

我們無須灰心喪志，畢竟最後正是這位年輕女戰士終結了夜王的威脅。

第七章

消極性陷阱

將現實戲劇化的本能

我們最後談一下消極世界窒礙難行的部分，後面幾章再談如何構思或假設用各種不同方式採取行動以呈現現實世界的方案和行為刺激。或許存在的細微差別看起來不值一提，但我要先澄清，這並非樂觀主義和悲觀主義之爭，而是在尋找破壞和建設之間的微妙平衡。

前一章以大象和騎象人的比喻，說明消極情緒對全球暖化問題可能造成的消極效應。我們再往前走一步，來談談已故瑞典公共教育家漢斯．羅斯林（Hans Rosling）所說的消極本能。

羅斯林一生致力於用數據展現人類百年來在各方面的長足進步，包括極端貧窮、幼兒死亡率、用水和電力資源、教育資源和休閒娛樂資源等等。

不可否認，近數十年來，飢餓人口的數字逐漸下降（極端貧窮人口的生活品質相較以往也獲得改善），一歲到五歲間幼兒的死亡率越來越低，世界各地兒童入學率都在快速升高，像你們這樣有時間閱讀類似眼前這本書的人越來越多。

羅斯林在《真確》[1]一書中談到分析數據是一種工具，讓普羅大眾也能理性判讀現在發生的事。為了讓正在閱讀這本書的你們能夠理解，他在書中將人類進步的各種數據與不同變

1 Hans Rosling, *Factfulness: tio knep som hjälper dig att förstå världen*, Natur & Kultur, Stockholm, 2018（中譯本《真確：扭轉十大直覺偏誤，發現事情比你想的美好》，先覺，2018）

數的關係簡化成一系列曲線圖。

嚴格來說，所有該上升的曲線都上升了（例如，人均吉他擁有數），所有該下降的曲線也都下降了（包括強迫勞動為合法的國家數量之類的統計數字）。

現在請你們回答下面這個問題。

請問你認同以下哪個選項：

A.世界變得越來越好
B.世界變得越來越糟
C.世界沒有變好也沒有變糟

在你腦中橫衝直闖的調皮大象很可能會讓你傾向選擇B。

「最糟糕的還沒來」、「想當年」、「現在的年輕人啊」。什麼世道，什麼年代！這些大家都聽過的感嘆，可以上溯到遙遠的過去，用已經絕跡的語言訴說的點點滴滴。自創世以來，有不計其數的人抱怨美好時代一去不復返。

伍迪・艾倫的細膩喜劇電影《午夜巴黎》基本上便是以此為主軸，名為「美好年代症候群」。電影主角歐文・威爾森是失意的美國作家，想要改變人生，他跟妻子去巴黎度假，意外展開一場神祕的時空之旅，回到二十世紀二〇年代的光之城巴黎，遇到了他的偶像，包括美國小說家史考特・費茲傑羅夫婦、畫家畢卡索、達利，以及海明威。最後男主角愛上他回到過去後認識的一名女子，與她一起再回到更早之前的巴黎，遇到法國畫家羅特列克和高更，參與他們波西米亞式的生活。如此一直退回到路易十四太陽王時期。

無限回溯的結果是，過去彷彿蒙上一層神話的面紗，所有痛苦與折磨的痕跡都消失不見。

這正是漢斯・羅斯林提出的消極陷阱之一：智人記不清楚昨天發生的事。這是經過科學認證的事實，丹尼爾・康納曼和其他實驗心理學家在上世紀末和二十一世紀初的劃時代實驗結果顯示：我們無法系統性正確回想，影響構成我們體驗記憶的回溯性評估。[2]

特別是康納曼透過實際案例，研究我們試圖記起過去發生的某件事時，對該體驗的記憶由何而來，提出了所謂的峰終定律（Peak-End Rule）。

---

2 其中一個實驗研究結果，請參見Kahneman, *Evaluation by Moments, Past and Future*, in Kahneman e Amos Tversky, *Choices, Values and Frames*, Cambridge University Press, Cambridge 2000, p. 693.

根據峰終定律，基本上在我們結束體驗後，印象最深刻的是情緒達到最高峰的時刻，以及最終結束的時刻。

假設我們去看一部電影，片長兩個小時，有各種場景和漫長的劇情片段。當你聽到這個問題：

「你喜歡這部電影或這部影集嗎？」

我們以為答案會以所有記憶的總合為基準，然而研究顯示，我們其實記不清觀影體驗的每一個瞬間，但會有幾個關鍵時刻讓你格外印象深刻。如此一來有可能得到自相矛盾的結論，不過總而言之，體驗的時間長短對評估的影響不大。如果我們能精準記住高峰時與結束時的感受，後者更值得我們關注。若應用在行銷學上，這就是為何購買渡假行程必須預付款項的原因，因為旅行結束後，如果你想起你做的最後一件事是付款，當你做整體評估時，這個體驗很可能帶來負面影響。

既然智人的記憶力並不好，那麼對過去某個無憂無慮黃金年代的評估顯然不可靠。但原因出在我們的大腦結構和設計，與其他因素無關。

羅斯林認為消極本能是一種自然傾向，面對未來有防禦心態，這跟我們之前談思維陷阱和思考捷徑的說法相反，特別是過度自信和莫名樂觀部分。

另一個可能會激發消極本能的，是潛在罪惡感，當事情進展不順，而認可相反意見或凸顯相反意見的積極面向讓人覺得不公平或殘忍時，就會有潛在罪惡感。我們無須過度糾結責任原則問題，僅舉一個簡單的例子來說明。

想像一下，某個城市因為大地震，造成數千人死亡，損失難以估計。地震數小時後，救援團隊從廢墟中找到一個小男孩，情況十分危急，而且他在地震中失去了家人和房子。小男孩立刻被送往加護病房，爭取一線生機，媒體大肆報導他的故事。因傷勢過重，他有一條腿被截肢，一個星期後，他的身體情形好轉，醫生宣布他脫離險境。

如果有一個人對此事毫無所悉，不知道地震的事，也不知道失去家人的小男孩在生死邊緣掙扎好幾天，這時候突然出現在醫院病房裡呢？

這個人面對的是失去一條腿、尚在垂死掙扎的人類幼獸。

在沒有任何背景資料的情況下，這是一個可怕的消息。

但如果我們深入了解資訊和數據後，就會發現小男孩病情有一絲好轉跡象，雖然整體情況依然十分嚴峻。

這就是重點：儘管情況還是很嚴重也很危急，但某些方面仍能看出有好轉趨勢。

在我看來，消極本能跟智人與生俱來的悲觀傾向無關。其實我們能看到身為群居動物的人類，對可能發生在自己身上的事大多還是抱持樂觀態度。

當然，在區域性議題和全球性議題之間存在理解落差（發生在身邊的事看得比較清楚，當範圍擴大，我就不得不求助距離我日常生活遙遠的資訊來源），這是原因之一。

除此之外，要解決前面幾章談到會影響我們的負面情境，必須在論述中新增一個因素，這個因素很可能是最重要的關鍵因素。

那就是：我們搜尋和消化資訊的方式，跟我們以現實經驗證據為本得到的正確認知，兩者頻率不相符。

這句話是什麼意思？

意思是，傳統媒體或社群媒體的新聞產生與使用，沒有跟重要統計資訊汰舊換新的速度同步。例如，四十年間，極端貧窮人口數大幅下降這件事。

負面新聞，以及在複雜系統中造成突發變化的負面新聞越來越多，會立即吸引大家的注意，以至於我們對正面新聞或長期趨勢幾乎視而不見。

我如果請你們想像人生某一天發生的一件好事，你們可能會想到的是贏得一筆豐碩的獎金、求職成功或職位晉升，或是驗孕結果是陽性，你宣布將有新的家庭成員來報到。那些幸福時刻很容易視覺化，但是跟我們每個人認知可能會讓生活陷入混亂的那些突發負面事件的數量相比，並不對等。那些負面事件可以是：

一場意外。

一份疾病診斷書。

遭竊。

一次激烈爭吵。

夥伴的背叛。

一張罰單。

一封裁員通知信。

這份名單可以像《末日經》[3]五線譜上的音符無止盡綿延，而正面事件之間的間隔時間可以長達一整個小節四拍。

其實我們並非生來就有悲觀傾向，是媒體界為了譁眾取寵讓新聞越來越悲觀。負面新聞特別引人注目，例如恐怖攻擊，或造成數十人甚至上百人死亡的山洪暴發。

---

3 《末日經》（Dies Irae）描述最後審判日場景，多用作安魂彌撒曲。許多樂曲引用《末日經》開頭，以營造恐怖懸疑氛圍。

於是當記者篩選資訊時，那些能立刻讓閱聽者感到震撼的事件會獲得青睞，而閱聽者來不及深入了解事件內容，便即時轉發在自己的社群媒體上，進一步催化其吸睛效果。這些事件大多數是災難或負面事件，像是地震、神風特攻隊出擊、火災或隕石墜落這種突發事件。

說不定極端貧窮絕跡在某個特定時刻會變成負面新聞，然而就算極端貧窮人口在近數十年間減半成為今日的新聞，也很難再登上明日的新聞版面。要重新成為大家關注的議題，除非數年後出現一份新的報告，顯示這件事屬於長期趨勢是認知上的偏差。

數據變成新聞的頻率高低也跟消極有關，舉例來說，我們不會看到新聞或網路名人頻繁告訴我們每天有多少人死因與吸菸有關。

我們知道吸菸有害健康，菸盒上都寫著警告標語，我們也知道吸菸害死很多人：根據世界衛生組織統計，二〇〇七年有五百萬人因菸害死亡，換言之，每天有一萬四千人、每週有九萬七千人死於菸害，遠多於任何炸彈攻擊或地震造成的死亡人數。

然而吸菸致死既不是新鮮話題，也不是新聞，因此我們對此始終停留在無感狀態。換言之，我們眼睛看不到、腦袋不去關注緩慢進步，簡單來說是因為緩慢進步不是媒體會直接報導的主題，需要有人深入研究讓我們知道問題的嚴重性，之後才能認識某個問題或某個現象的本質。

源源不絕的資訊產生和使用，不會讓我們因此積極渴望分享正面消息，跟負面消息抗衡。想要跟現實世界建立平衡關係，靠撫慰人心沒有用。

經濟學家暨「數據看世界」計畫[4]主持人馬克斯・羅什（Max Roser）做了一個有趣的實驗。他並未鼓吹放棄，或叫大家不要再看報紙，而是提出了一個頗具建設性的方案。

如果頻繁製造和消費新聞會讓人對現實的看法扭曲，大家很可能會認為新聞業無用，或至少降低其影響力。我們談黑天鵝時提到的美國數理統計學家納西姆・塔雷伯寫道，戒掉報紙的好方法是找一段時間只看前一週的報紙，如此一來就能發現那些新聞犯了多少錯，寫了多少言不及義的內容。

這個建議有用嗎？

再說一次，消極性陷阱跟我們如何看未來無關，跟我們收集資訊的方式有關。

以下建議有益心理健康：想像你是一份報紙的總編，這份報紙每五十年出刊一次。

沒錯，這是一份「五十年報」。

4　www.ourworldindata.org

創刊號在一九七一年一月一日出版。

第二期在二〇二一年一月一日出版。

頭版標題寫什麼呢？

你們一定會想到：

「新冠病毒大流行導致全球停擺一整年。」

「過去五十年，人類活動產生的二氧化碳排放量增加一倍多。」

直到這裡，一切看起來都很糟糕。

那麼佔據報紙頭版還有哪些新聞呢？貧窮問題獲得大幅改善的新聞，跟大眾傳媒普及和網路發達的新聞或許可以佔據一個小欄位。我們是不是覺得也應該報導人類登陸月球，以及冷戰在沒有爆發核武衝突和共產極權垮台的情況下結束？

當我們以五十年的緩慢節奏來回顧時，那些長期趨勢重新被我們的感知關注，在日常混亂中占有方寸之地。

就像是一位衝浪者在海面上乘風破浪完畢，以我們熟悉的垂直運動潛入海底的過程，

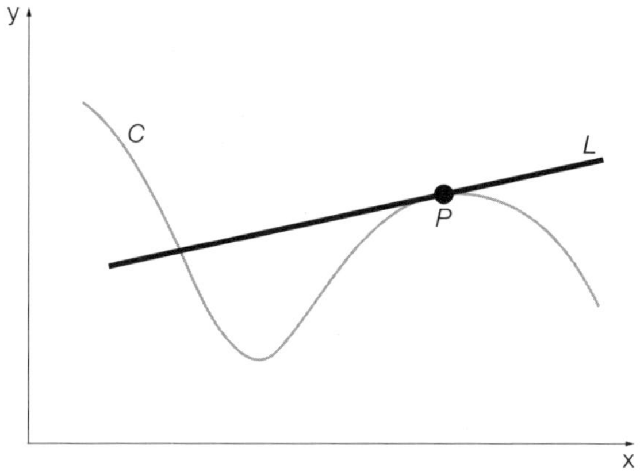

圖一：一個函數的導數，是函數在某一點的變化率極限，也就是當增量趨近於零時，函數變化與增量之比的極限。簡單來說，它就像是在一個函數的曲面上「衝浪」。

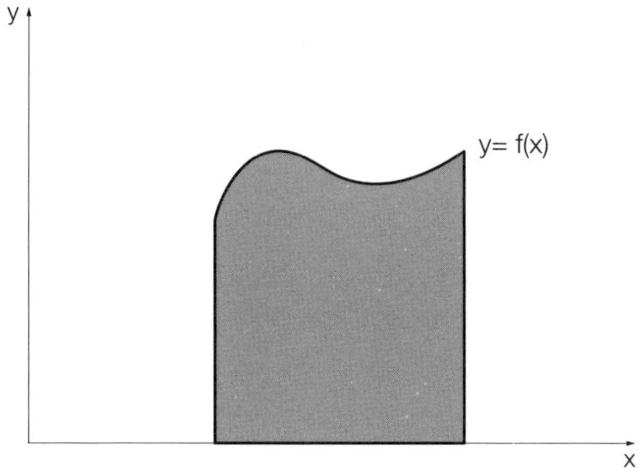

圖二：一個函數的積分，代表的是曲線下方所涵蓋的面積。在這裡，潛水員正深入探索那片深層的區域。

化解了這個消極本能。正如我們之前說記不清發生的事，原因在於專注須臾瞬間而非完整體驗。

在數學中，這正好就是「導數」（derivata）與「積分」（integrale）的差別：導數是追蹤曲線一點一點的變化，是對當下變動的即時反應；積分則是評估整段變化之下所蘊藏的面積——一種更全面的、深入的衡量方式。

我們思考全球暖化問題時，即便沒有解決方案在手，我們也能立即發現其中認知偏誤的來源：我們並沒有不談氣候變遷或溫室效應問題，我們並不認為那是必然會發生的悲劇，也不認為想像中的未來地球上再也不見人類蹤影。

然而，我們聽到的關於全球暖化的消息，就跟其他長期趨勢及變化緩慢現象一樣，只是衝浪者划過海面激起的水花。

如同聯合國高峰會或聯合國氣候變化大會締約方會議之類的國際談判協議活動、倡議者的抗議活動，或加州等地的野火肆虐，這些事件會短暫地吸引我們的關注，但不會讓我們從更廣的視角去審視事件，然而放寬視角審視正是擬定計畫並有意識採取行動的必要條件。

第八章

積極溝通

找到適當詞彙界定問題

我們在海上航行，一邊吃吃喝喝，一邊說說笑笑。龐大固埃突然站起來，環顧四周海面後開口說道：「你們聽見沒有？我好像聽見空中有聲音，像是有人在說話。可是我看不到人。你們聽聽看。」他既然這麼說，大家便專心傾聽，彷彿附耳聆聽海螺，能否能傳來聲音。為了不錯過任何聲音，我們之中有人仿效謹慎的羅馬皇帝安東尼，將手放在耳朵後聽。儘管如此，我們紛紛抱怨什麼都沒聽見，但龐大固埃堅持空中傳來的說話聲有男有女。聽了一會兒後，有人開始耳鳴，有人則聽見了聲音。我們越認真聽，聲音就越清晰，甚至聽見完整句子。我們嚇壞了，因為實際上並沒有看到任何人，卻能聽見男人、女人和小孩聲音，以及馬匹嘶鳴聲。巴紐朱像瘋子一樣大喊大叫。

「我的天啊，這不是開玩笑！」他叫嚷著說。「我們完了，快逃吧！再不逃就來不及了！我們被包圍了。約翰修士，我的朋友，你在嗎？你帶著彎刀吧？你快檢查一下，可千萬不要又生鏽了，你有沒有插在刀鞘裡。我們完蛋了，你們聽到沒有？我的老天爺，這是砲聲！我們快逃啊！」

「各位先生，」領航員插話道。「你們不要驚慌，我們在冰海邊緣，去年初冬，獨眼的阿利瑪斯皮族和雲族在這裡發生過一場激烈戰爭，那些男男女女的呼喊聲、棍棒敲打聲、兵器和馬具撞擊聲、馬匹嘶鳴聲和各種混亂雜音，都被冰封在空中。現在寒冬過去，天氣變暖和，聲音解凍才會傳入我們耳中。」

「天啊！」巴紐朱說。「原來如此。不知道能不能看看它們的樣子？我記得摩西領受十誡的那個山腳下，群眾可以看見聲音。」

「這裡，在這裡。」龐大固埃說。「你們快看，這些還沒有解凍。」

他把捧在手中那些凍結的聲音丟到甲板上，看起來彷彿是五彩繽紛的杏仁糖豆。我們看到淺紅色、深棕紅色、淡藍色、灰色和金色的聲音，在我們溫暖的手中像雪一樣融化後，聽得清清楚楚，只是我們聽不懂，因為那是蠻族的語言。其中一個特別大的在約翰修士手中融化，發出的聲響像是栗子沒有切口就丟進鐵鍋裡爆炸開來那樣。我們所有人都嚇了一跳。

我們用法國文藝復興代表作家拉伯雷《巨人傳》[1]中兼具敘事和警示意義的冰封聲音故事，作為這一章的開頭。這一章要談的是，在討論氣候變遷等敏感議題時，須謹慎使用詞彙和數字。

我始終認為讓聲音成形，脫離發聲者而存在這個創意十分了不起，而且充滿力量，雖然這個詮釋應該不是作者原意。這些聲音在冰海中處於冬眠狀態，當驚恐和痛苦的聲音重現，已徹底遠離了原本的情境和意義。

氣候變遷訊息最好的傳播方式是什麼，是記者和相關單位共同關注的問題。一般來說，文字總會體現情境中某個元素，再加上其他因素，很可能會影響人的行動和行為。

丹尼爾．康納曼和阿摩司．特沃斯基的思維陷阱研究，主要集中在框架效應。[2]要解釋框架效應，我們可以看看下面的例子。

假設你身處以下情境。

美國準備面對即將來襲的一種亞洲疾病，後果可能很嚴重，會導致六百人死亡。為了應對這個事件，有兩個方案可供選擇。假設兩個方案的精確科學預估值如下：

1.若採用方案A，會有兩百人得救。

2.若採用方案B，有三分之一機率可以挽救六百人的性命，三分之二機率無人得救。

---

1 François Rabelais, *Gargantua et Pantagruel*, Denis de Harsy, Lyon, 1532-1564.

2 Tversky and Kahneman, «The Framing of Decisions and the Psychology of Choice», in *Science*, 1981, vol. 211 (4481), pp. 453-458.

你會選哪個方案？

假設情境不變，但是選項略有調整：

1. 若採用方案C，會有四百人死亡。

2. 若採用方案D，有三分之一機率無人死亡，三分之二機率會有六百人死亡。

你會選哪個方案？

一九八一年完成的這個研究結果顯示，大多數受訪者在回答第一個問題時，選擇方案A，回答第二個問題時，傾向方案D。

如果回頭仔細閱讀，會發現這兩個問題提供的選項內容其實是一樣的。差別在於情境的框架設定。第一個選項的情境著重於拯救多少人，第二個選項的情境則聚焦在失去多少生命。

經過生物演化的智人對「損失」比較有感。對於群聚而居、靠狩獵維生的人類而言，求生是本能，自衛比起把獵物放進自己的籃子裡更重要。一切有風險的事都會引發相對的反應。

事實上，時隔數百萬年，框架效應依然是常用於市場行銷的一種技巧，以呈現產品特色。我們很少閱讀乳酪包裝上標示的脂肪含量，卻會因為關注健康食品而去尋找「脫脂」產品。

另一個有趣的文學案例是《湯姆歷險記》，也受到情境影響。故事中頑童湯姆又一次因為惡作劇而受罰，波莉姨媽要求他那天下午粉刷屋子外的籬笆。湯姆的朋友約好了要去河邊玩耍，他無心工作，一個同班同學路過時取笑他，豈料湯姆說得天花亂墜把處罰變成了獎賞，以至於那位同學莫名動念想要取代湯姆刷油漆。湯姆很擅長制定情境，讓那位同班同學甚至把蘋果送給他以換得自己念茲在茲的油漆刷，接手刷起了油漆。於是乎，原本的處罰變成難能可貴的搶手差事，小鎮上所有小朋友為了能夠有機會刷油漆，都搶著送禮物給湯姆。

如果覺得湯姆的例子已經過時，那你們肯定看過《六人行》影集，其中兩位主角是莫妮卡和瑞秋。莫妮卡很在意整齊和清潔，她的室友瑞秋則丟三落四心不在焉。某集中瑞秋決定搬家，莫妮卡詢問她進度如何，但瑞秋其實還沒開始收拾，於是她制定了一個框架：

「我要給妳一個驚喜！」瑞秋對莫妮卡說。「我知道妳熱愛打掃收拾房子，作為室友的我，決定把這件事留給妳當作禮物。」

莫妮卡很開心，向瑞秋道謝：「我都沒準備禮物送妳！」

這兩個案例分別來自文學和電視影集。用字遣詞是一種工具，可以豐富我們的語境，讓我們的論述更有利於說服對方。如果我們的目標是說服某人，希望他接受某個好的想法，懂得善用說話技巧往往更容易成功。

那麼在討論氣候議題的時候，我們該如何注意用字遣詞呢？

數年前，英國重要新聞媒體《衛報》[3]刊登了一篇文章，希望報紙討論環境相關議題時，能改變溝通用語。包括聯合國氣候變遷綱要公約的官方網站也用很大篇幅討論此事。[4]其中一項建議是不再說「氣候變遷」，改用「全球暖化」。

為什麼？

因為氣候變遷是氣候物理學的一個說法，無法讓我們立刻意識到問題的核心，是溫室氣體排放增加跟人類活動有關。「氣候變遷」這個說法太中性，雖然從科學角度而言十分精確。

為了能夠調動我們的情緒和腦中的大象，有人建議使用「氣候危機」（climate crisis），以凸顯其危急性。《自然》雜誌也在談全球暖化議題時，指出科學溝通以「懷疑」為核心的問題。[5]科學本身具有結構上的不確定性，加上某些資訊刻意散播缺乏實證支持的疑慮，自然會對大眾造成破壞性影響。菸草業者多年來便是如此。

所以，面對用科學包裝的不實內容，我們該如何應對呢？

英文有一個字，agnotology，意思是「比較無知學」。無知造成的混亂需要謹慎以對，無知跟科學數據的不確定性無關。

耐心教育，細心溝通，不要訂定不當時程，因為時程顯然只會是虛假的。提出現有數據、誤差範圍，以及根據數值模型擬定的假設，根據學術界評估期刊影響力的量化指數，查核資料來源的可信度和權威性。不要讓反科學資訊製造迴聲室效應[6]，這麼做不是為了限制自由，而是為了公共社會責任。之前說過，建構平台的目的是為了放大和強化不同想法之間的比較對照。

3　www.theguardian.com

4　相關議題的指導方針及世界各地實際執行的結果，請參看連結：https://unfccc.int/sites/default/files/resource/Communicating%20climate%20change_Insights%20from%20CDKNs%20experience.pdf

5　Cecília Tomori, «Scientists: don't Feed the Doubt Machine», in *Nature*, 2021, vol. 599 (9).

6　迴聲室效應（Echo Chamber），或稱回音室效應。指立場或意識形態相近的群體，藉由在媒體上來回溝通及呼應，擴大並強化其理念，忽略反駁意見，創造出相對封閉的生態系統，造成確認偏誤，進而可能影響大眾觀點。

科學家應該思考哪種類型的論據可以支撐數據，以及從數據得到的結論。

他們要採取何種方式影響輿論？哪些政策執行後會有幫助？

我們要看事物的本質，笨蛋只會看用「科學告訴我們」這句話當開頭的文章。就跟貓會追逐雷射筆的光點一樣，我們出於本能會跟著某些論述走，不會質疑，以便在深入研究時節省精力。所以用字遣詞小心謹慎，是科學家也是記者的責任。

根據預測，從現在到二一〇〇年的平均氣溫上升趨勢，是攝氏一點五度到兩度，感覺無關痛癢。我們在上一章也談到，氣候變遷的速度十分緩慢。

假設你們在水溫三十七度的浴缸裡泡澡，十年後溫度上升攝氏零點二度，你們很可能根本不會有所察覺。

數據基本上是對的，表達也沒有問題，但就是無法視覺化，或讓人有所感。換言之，無法打動人心。對你或我個人而言，這件事無關緊要，但是對地球來說，卻是至關緊要。跟我們一邊泡澡一邊做決策的浴缸無關，與浴缸水溫非線性變化也無關。但是我們個人感覺不到的溫度變化，卻是對全人類的一大威脅。必須找到方法放大它，讓個體有感。

但是要如何改變行為的惰性呢？

如何有效宣導社會規範，讓社會規範變成習慣，是行為科學研究多年的課題，其中美國社會心理家羅伯特．席爾迪尼（Robert Cialdini）的研究成果斐然。二〇〇八年，席爾迪尼和戈爾茨坦在《消費者研究雜誌》上發表的一篇論文，[7]開創了用實然規範[8]鼓勵道德行為的先例。常常住飯店、有過為節約用水減少更換浴巾頻率經驗的人，應該對這個概念不陌生。在席爾迪尼和戈爾茨坦的實驗中，當飯店客人被告知重複使用浴巾「有助於環保」，百分之三十五的房客會決定重複使用。如果訊息內容追加說明該飯店多數房客決定重複使用浴巾，這個比例會上升到百分之四十四。如果說明中強調過往同一房間多數房客決定重複使用浴巾，最終比例可上升至百分之四十九。

人類是簡單的哺乳動物，社會學習模仿是引導我們採取行動的一個重要因素。如果我們所屬的團體中有某個行為具主導性，大家很可能都會追隨仿效。

關於全球暖化議題，荷蘭社會心理學家范德林登於二〇一九年發表的論文，[9]研究的是

---

7 Noah J. Goldstein, Robert B. Cialdini, Vladas Griskevicius, «A Room with a Viewpoint: Using Social Norms to Motivate Environmental Conservation in Hotels», in *Journal of Consumer Research*, 2008, vol. 35.

8 實然規範（norme descrittive，或描述性規範），即身教式規範，讓人從行為上模仿。與之相對應的是應然規範（norme prescrittive，或指令性規範），即言教式規範，例如強制性的警告標語。

9 S. van der Linden, «Perceived Social Consensus can Reduce Ideological Biases on Climate Change», in *Environment and Behavior*, march 2019.

正確宣導某個主題具有科學共識的效力。他向六千名美國受試者宣導全球暖化資訊時，說相關資訊是獲得學術界廣泛認可的科學事實，說服效果十分良好，也對受試者後續在實驗中做的決定有正面影響。

但我必須再次強調，將實驗研究結果視為通則不但危險，而且是錯誤的。有人在德國進行范德林登的實驗，得到的結果並不相同。[10]

傳達的訊息性質，以及科學資訊的傳達方式，兩者皆重要，所以如果這兩個條件不變，那麼需要更正的可能是描述情境時的用詞遣字。美國人對環境議題的科學資訊所知有限，歐洲人平均而言對全球暖化議題的敏感度較高。無論對象是美國人或歐洲人，為避免聲音凍結，選擇適合的溝通風格至關緊要。

解讀全球暖化相關數字

「因為這個產品，我們得以減少一萬兩千噸的二氧化碳排放。」

「義大利人均二氧化碳排放量為五噸。」

十億噸、百萬粒子、排放量百分比減少。

談到氣候，全都是數字和數據。

不過數字會夾帶文字，更重要的還有，數字如何進入我們的思維，或者說，如何獲得我們的信任，讓我們願意理解數字，進而將數字視覺化。

之前描述氣溫升高的例子很實際：以觀察到的平均溫度上升幅度為切入點去討論全球暖化，恐怕沒有太大效果，即便數字正確，資訊鉅細靡遺。

尤其在遇到特別小或特別大的數字時，我們往往會因為心生畏懼而將之拒於門外。因為我們從小就被教育，面對陌生的人事物必須保持警惕。

如果我們能學習到一些規則，即使沒有很好的數學技能或能力，也能在某個數字闖入我們寧靜的質性生活時派上用場。

還有，我們要能夠回答下列問題：這是大數字嗎？它比另一個數字大嗎？

南非數學家安德魯．艾略特寫了一本書[11]幫助讀者，包括對特定概念毫無頭緒的讀者，用簡單規則去管理自己對數字的感知。

---

10 Robin Tschötschel et al., «Climate Change Policy Support, Intended Behaviour Change, and their Drivers Largely Unaffected by Consensus Messages in Germany», in *Journal of Environmental Psychology*, agosto 2021, vol. 76.

11 Andrew Elliot., *Is That a Big Number?* Oxford University Press, 2018.（中譯本《數字公民》，八旗文化，2020）

舉例來說，學會記住幾個參涉點很有幫助。或許聽起來有點蠢，但大家都有過在陌生城市迷路的經驗吧？對有些人來說，那種經驗很美妙，但大家走在路上一定都有過的經驗是，這裡或那裡的古蹟和紀念碑變成救贖的希望。所以，如果在翡冷翠街頭散步，布魯涅列斯基設計的大教堂圓頂、舊宮的塔樓或阿諾河，都可以幫助你找到方向。

學會記住某些數字，也有相同用處。

以全球暖化為例，最好能記住的是近年來，全球每年約排放五百億噸的二氧化碳。這個數字就如同塔樓，可以做為我們的對照基準，或為我們的感知找到定位。測量是為了讓東西放在正確的位置。

另一個需要記住的關鍵數字是，大氣中二氧化碳的平均濃度約為四一五ppm（百萬分率），這個濃度自然是越低越好。

最後一個應該記住的數字是，全球碳定價一噸平均約為二美元。

有點像結繩記事，你們先把這三個數字記起來，再試著往前進。

有沒有想過十億這個數字多大？

有一個技巧很好用，那就是「分而治之」，是關於數量級的有趣練習：參考值是一隻螞蟻、一輛福斯的金龜車、紐約中央公園和澳洲。

螞蟻身長大約四公釐。

我們把數量級放大，乘以一千，換言之我們要找一樣東西，其長度是螞蟻身長的一千倍，而福斯經典的金龜車長正好約四公尺。

重複同樣練習，尋找長度是金龜車車長一千倍的東西（所以是螞蟻身長的一百萬倍，即十的六次方）。紐約中央公園長約四公里，等於一千輛金龜車排成一排。

最後再放大一次。什麼東西的長度等於中央公園長度的一千倍？澳洲海岸線從這頭到另一頭，大約就是這個數量級：四公里乘以一千，等於四千公里。

四千公里等於一千個中央公園的長度，一百萬輛金龜車沿澳洲海岸排一排，以及十億隻勤奮的螞蟻。

現在五百億噸的二氧化碳這棟塔樓漸漸有了輪廓。

為了讓輪廓更清晰，可以用比率和比例來幫助大家理解如何降低這個數值，以及從何處著手。你們知道交通運輸業的二氧化碳排放量是多少嗎？全球營建業的排放量呢？食品業呢？

我通常會用不同顏色的樂高積木來蓋這座二氧化碳排放量塔樓。總共五十一塊積木，每塊積木代表十億噸。其中二十七塊積木代表我們為了提供工作和生活所需能源，以各種方式發電所產生的二氧化碳量。三十一塊積木代表的則是與製造商品、服務及材料（例如蓋房子的鋼筋和水泥）有關的二氧化碳量。十九塊積木代表的是我們以食用為目的而從事農耕及畜牧活動產生的二氧化碳量。十六塊積木代表的是我們在不同地點之間以不同方式移動產生的二氧化碳量。最後七塊積木則是加熱住居地環境時排放到大氣中的二氧化碳量。

從現在到二〇五〇年，這座二氧化碳排放塔樓必須歸零。換言之，碳排放量和碳捕存量的差額必須是零。

這是一項艱鉅挑戰，但我們必須理解這件事，才不會無動於衷置身事外。

最後一個關鍵問題是，如何將製造的二氧化碳視覺化。那該死的看不見的氣體比幽靈更加虛無縹緲。網路上有各種圖表幫助我們認識全球暖化效應。

美國國家航空暨國際太空總署（NASA）對此做了許多研究[12]，在網路上可以找到相關資料。中央公園也很有用，因為十億噸相當於三百四十公尺高的一個碩大冰塊，彷彿矗立在綠地上的一棟摩天大樓。

那麼五百億噸呢？

只有笨蛋才會用手指頭數。我們要做的是抬頭尋找月亮，想像可覆蓋整個月亮表面、厚一點五公尺的冰蓋。

說到這裡，我們試試看把開頭提到的一個數字視覺化吧。先來回答這個問題：一噸的二氧化碳有多大？

氣候保護聯盟數年前製作了一支影片，其中一個畫面是一群大象，可以引發各種聯想。一頭大象平均重約五噸。義大利人口有六千萬。把這兩個資訊放在一起，我們會得到什麼結論？每年每個義大利人會排放如一頭大象的二氧化碳。

你們有些情緒或許還沒有被調動，但耳朵可能已經豎起來了。

12　NASA, «Visualizing the Quantities of Climate Change», https://climate.nasa.gov/news/2933/visualizing-the-quantities-of-climate-change/

信任與溝通

有沒有想過在我們日常生活中，信任有多重要？

當你轉帳支付房租，你相信銀行或仲介公司會把錢匯入房東帳戶，而房東也相信在合約有效期限內，房租都會準時匯入。

當你開車發生交通事故去修車時，你相信修車師傅有能力且會儘快解決問題。當然，這個案例中你如果有一點懷疑，很可能會詢問不同修車廠的報價，以降低不確定性。不過仔細想想，這個情境下信任度略低，對市場交易而言影響十分有限。

信任至關緊要。對於資訊正確傳遞、全球緊急情況的管理，以及我們享有的自由，都至關緊要。

有鑑於我們花越來越多時間在社群網路上互動，接下來要問一個關鍵問題：在這個Instagram時代，如何看待社群媒體互動中的信任？

要回答這個問題，可以先參考重要期刊《經濟行為與組織》刊登的一篇精采科學研究報告，團隊成員都是義大利人，包括安傑羅・安托齊（Angelo Antoci）、勞烏拉・伯內利（Laura Bonelli）、法比歐・帕耶利（Fabio Paglieri）、托瑪索・雷嘉尼（Tommaso Reggiani）

和法比歐・薩巴提尼（Fabio Sabatini）。[13]

這項實驗研究採用的方法，類似測試藥物有效性的臨床試驗。社會科學如何進行臨床試驗呢？確認研究假設後，從實驗對象中隨機選擇一組受試者做設定條件下的測試，並與另一組受試者，亦即對照組做比對，環境條件不做任何改變。

這項實驗研究欲探討的是人在社群媒體上的互動方式是否會影響他們的信任態度。假設我們常態使用的社群媒體原始互動環境，經常出現暴力用語、粗鄙批判和仇恨言論。

一組受試者受邀到實驗室閱讀幾則貼文（都是發佈在義大利報紙媒體臉書頁面上的真實新聞），撰文風格具攻擊性，內容涉及少數族群、支持陰謀論等論述。

另一組受試者看的新聞相同，但跟第一組之間有一個顯著區別，那就是研究團隊成員中的心理學家和語言學家出手修潤過評論留言的用字遣詞，所以用詞溫和、具建設性，不見粗鄙文字。

最後一組受試者看到的新聞內容用詞中性，但是跟其他臉書用戶沒有任何互動。

---

13 Angelo Antoci, Laura Bonelli, Fabio Paglieri, Tommaso Reggiani and Fabio Sabatini, «Civility and Trust in Social Media», in *Journal of Economic Behavior & Organization*, 2019, vol. 160(C), pp. 83-99.

看完新聞後，三組受試者都參與一個遊戲，名為「信任遊戲」。實驗方發給每個人一筆錢，為方便起見假設金額是十歐元。收到錢的人必須決定捐贈多少給同組另一名參與者，而實際上會收到三倍金額的後者，可以自行決定歸還多少給前者。最後以交換金額來評估參與這個遊戲的兩人之間的互信程度。

研究結果顯示，第一組（接觸暴力粗鄙用語）和第三組（新聞用語中性）在信任遊戲中的表現差不多。

若從假設來看，仇恨言論是基礎點，同時也反映現實世界。如果跟日常生活相比沒有改變，那麼互動的受試者行為也不會改變。

有趣也令人感到振奮的是，接觸用字遣詞溫和且具建設性的第二組受試者展現出較高的信任度。

也就是說，這一組捐贈和歸還的金額是實驗中最高的。

由此可以推演出什麼結論？先容我提醒，將實驗結果視為通則永遠必須謹慎為之。這個實驗似乎提出了幾點有用的結論：針對脫軌行為的懲罰機制，恐怕不是最好的策略。

透過支持或倡議建設性交流的不同社群平台的行為設計，鼓勵道德行為的獎賞機制更能發揮其效力。

今日社會傾向懲罰多於獎勵，我們都是義大利法學家切薩雷・貝卡利亞（Cesare Beccaria）的傳人，他早在一七六四年出版了奠定現代刑法學基礎的《論犯罪與刑罰》（*Dei delitti e delle pene*）。但很少有人知道或記得，在短短兩年後，有另一本小書《論道德與獎賞》問世，作者吉亞欽托・德拉格內蒂（Giacinto Dragonetti）也是法學家，而該書理念正是獎勵德行。[14]

我們確定懲罰違規行為是唯一武器，正向鼓勵遵守規則的行為就不值一顧嗎？信任體制有助於獎勵，也有助於人際正向互動，不僅可以帶動經濟進步與發展，也能提升對環境永續的認識。

無須夸夸而談，重要的是一起重新發掘在同一艘船上的我們身為智人的意義。而且要趕在這艘船變成方舟之前。

14 Giacinto Dragonetti, *Delle virtù e de'premi*, Vita e Pensiero, Milano 2018.

第九章

溫和推進

激勵更佳選擇的行為槓桿

下一頁的圖表是行為設計文獻中的里程碑，一是因為它展現多重意涵，另一是因為它有降低實證重要性的風險。這個圖表以百分比顯示歐盟主要國家公民捐贈器官的意願。

我們能看出圖表中明顯有兩組截然不同的行為表現。例如荷蘭和比利時，這兩個邊界相鄰的國家為何做出不同選擇？還有，為何莫札特的故鄉利他主義高漲，而貝多芬的故鄉願意捐贈器官的人數卻很少？問題出在哪裡？

關鍵詞彙是：**nudge**。

義大利文沒有對應的詞彙，大概可以翻譯成「助推」（spintarella），但需要從人類學和文化角度切入，進一步釐清這個詞彙的意義。英語字典中，nudge這個詞條的解釋如下：

> 用肘部輕推以引起注意。
>
> 溫和鼓勵，促使採取行動。

《推力》是理查・塞勒（二〇一七年諾貝爾經濟學獎得主）和凱斯・桑思汀兩位學者合著的暢銷書，這本書的副標題《決定你的健康、財富與快樂》展現了明確企圖心。[1]

---

1 Richard H. Thaler and Cass R. Sunstein, *Nudge: the Final Edition*, Penguin Books, London 2021.

他們寫道：

「選擇設計中若有任何因素導致人的行為朝可預期方向改變，而且人可以自由選擇不受限，也不會對後續的經濟效應造成大幅改變，就可稱之為推力。推力必須能夠輕而易舉避開，且成本低廉。推力不具強制性。把水果放在與眼睛同高的位置（以吸引注意，增加被選購的機會），是推力。禁止販售垃圾食物，不是推力。」

選擇設計可以發揮很大效用。

不管你認為經濟學是一門科學或學

器官捐贈比率

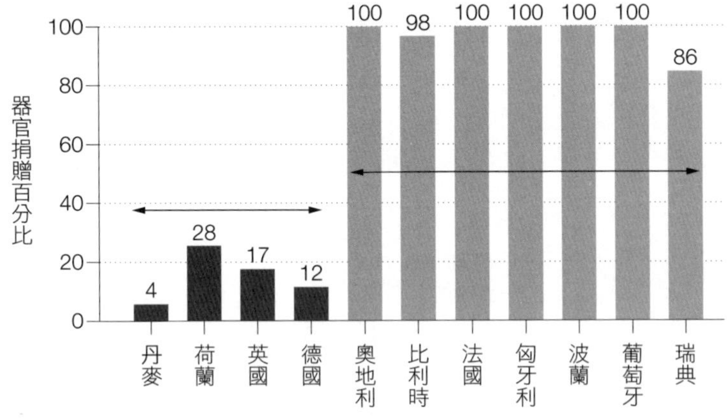

製圖：丹・艾瑞利，《非理性行為入門指南》（*Dan Ariely, A guide to irrational behavior*）

科，它研究的都是人在不確定條件下做決策的方式。推力是研究心理資源生態的一種方法，在今天這個持續受到泛濫的虛假訊息衝擊的世界裡，我們的大腦會傾向以捷思角度尋找解決突發問題的方法，不一定是最佳方案，但會時不時利用一些捷徑或小技巧。

其實，我們做的所有決定都受到做決定當下的環境影響，前面幾章已經就人類這個特性做過分析。

舉例來說，天氣會直接影響我們的心情，導致我們選擇搭乘不同於平日的交通工具去上班。這個決定讓我們因此有可能可以（或不可以）在通勤時看書（如果改搭乘火車而非汽車），並且提升通勤的舒適度，也可能讓我們在尖峰時間擠進地鐵車廂。或是開車塞在車陣中對大氣排放二氧化碳，而沒有選擇騎自行車或另一種有助於環境永續的交通工具，少了不知不覺中為更乾淨的環境盡一分心力的機會。總而言之，只要最初的選擇不同，加上後面所有環環相扣的選擇，就有可能對主觀幸福感、生活品質、工作產能、環境保護、文化與社會資本，以及運輸效率造成重大影響。

外在氣候只是影響我們決策的諸多變數之一，其他變數還有人際互動、情緒、社會規範，以及即時新聞之類的突發因素。

如果這份責任感開始讓原本無憂無慮的你覺得有負擔，無須擔心，這時候善意會冒出頭來幫助我們，不會出現奇蹟，但能讓我們日子過得比較愜意。

種種因素和連帶因素組成的漩渦將我們逼入困境，試圖改變既有習慣。但我們並不樂於接受大量多元資訊疲勞轟炸，更傾向於快速且往往下意識便做出決定，所以好的選擇設計師應該盡可能在佈置設計時考慮我們的日常生活習性。

就如同所有優秀的室內設計師或一般設計師，往往必須說服我們，相信他們的設計方案是好的。那是因為某些設計與我們的品味相去甚遠，我們乍看無法接受。

公眾決策者擁有許多試圖改變個人行為的工具，例如針對菸和酒課徵的消費稅。對乳酪中的脂肪含量和一包香菸的售價漲幅課稅，目的何在？消費稅的初衷之一，正是鼓勵或勸退納稅人，旨在改變他們的行為。與此相比，推力則是採用獎勵措施，不訴諸金錢。

古希臘人有一個詞彙blakennòmion，意思是「智商稅」，指的是頭腦簡單的人向占星家尋求建議後付出的酬金。

正向的認知刺激是有用工具，可以幫助我們注意到一開始忽略的某個數據或某個環境因素，以免犯錯，或有助於減少損失。

例如環保稅的目的是讓製造汙染的產業感到更加不便。歐盟碳排放交易系統（EU Emission Trading Scheme）是一個不折不扣的二氧化碳排放權交易市場，透過供需機制，調解歐洲工業汙染物質的產出。

碳稅則是為了提高永續性較差的能源價格，以激勵大家轉而多加使用潔淨能源。

正統經濟學幾乎完全立基於金錢獎勵理念。行為經濟學和推力理論則說明，金錢獎勵並非唯一途徑。

經典電影《駭客任務》中，基努李維從電腦編寫程式塑造的虛擬世界中覺醒後，神祕人物莫菲斯透過名叫「結構」的模擬軟體教導他認識新的真實世界。從習慣養成改變不易的世界中覺醒，不僅令人惶惶不安，甚至可能引發異體排斥危機。

推力自然做不到那個程度，只會調整我們做選擇時的資訊背景，並在大腦面對認知陷阱時發揮作用。

想像一下你的書桌，基本上還算整齊，有一個筆筒、一本筆記本、一本行事曆，一台筆記型電腦、一盞桌燈、一些文件和紙張，還有印表機、擺飾和一串鑰匙。

所有這些可用資訊可以有序排列，讓你輕鬆找到，在需要做某項操作時能夠節省時間。但也可以因為每天隨手擺放毫無秩序，讓書桌空間雜亂無章難以使用。

推力促使我們整理書桌，以便更快速做出更好的選擇。桌上的東西（可用資訊）不變，改變的是陳列方式，好讓它們為我們設定的目標發揮功用，也提升我們的行動及生活品質。

推力利用我們的心理弱點，引導行動朝精準方向前進。我覺得這個概念令人安心，也很坦誠理性，讓人類不再覺得自己比地球上其他生物高等，但依然佔有一席之地，只要大家齊心協力就可以實現偉大目標。

推力是認知刺激，或用義大利文來說，它是溫和推進的力量。

前面談到大象和騎象人的比喻中，推力就像是促使他們齊力合作的那條道路。

我們應該害怕嗎？我們面對的推力背後會是新一代的「老大哥」嗎？根據戴夫．艾格斯（Dave Eggers）反烏托邦小說《揭密風暴》[2]令人焦慮的邏輯，過度沉溺網路世界會催生出怪物嗎？

有人可以操控我們的行為，全面控制數十億人類的生死嗎？

不可能，絕對不可能。

如果可能，表示自法國大革命以降被視為理所當然的個人自由受到箝制，沒有人能接受。

推力要真正發揮作用，必須經過設計，確保每個人都能隨時改變行動方向，可全然自主地評估不同選項。政治哲學稱之為「自由家長制」。

「家長制」聽起來令人反感，由一家之主決定什麼才是為我們好，跟追求變革和創新的反動浪潮背道而馳。所以「自由意志」跳脫原本格局成為主角，而我們要為自己的行動負責。

桑思汀借用《星際大戰》中傳奇的關鍵人物黑武士來闡述這個對立關係。在那個被時而平衡時而失衡的原力主導的遙遠星系，黑武士體現了自由的本質，原力的光明面和黑暗面在他身上同時並行，直到他遇見路克．天行者，黑武士這位偉大的絕地武士才找到自己行動的意義和在宇宙中的位置。

路克，我是你的父親。

但你可以自由選擇站在哪一邊。

跟干預性公共政策一樣，每一個推力都具有兼顧不同面向的以下四個特性：

1. 與其鼓吹預期該被執行的行為，不如強化自制力
2. 自主設定或施加外力以促成某個行為

---

2 Dave Eggers, *The Circle: a Novel*, Vintage Books, New York 2013.

3. 有意識的推力vs.無意識的推力

4. 鼓勵或壓抑某個行為

一、與其鼓吹預期該被執行的行為，不如強化自制力

很多時候，有意願和實際付諸行動之間有巨大落差，全球暖化就是最佳例證。因為在知與行之間橫亙汪洋大海，而且海平面持續上升中。我隨即想到奧德賽這個例子。

挪威學者約恩・埃爾斯特（Jon Elster）在《奧德賽與海妖》[3]書中以荷馬史詩筆下的英雄奧德賽為例，深入探討理性及其侷限性。有些推力正是來自於自我設限，我們可以稱之為「奧德賽條款」，那是跟自己簽下的某種契約，因為我們從一開始就知道哪些誘惑會阻礙我們前進，並約束我們採取行動與之抗爭。

有的情況則是，我們不做某些預期該被執行的行為，並非發自內心不想去做，而是因為懶惰或惰性。

有些推力旨在宣導某個社會規範，提醒大家注意我們原本就知道、更符合道德準則的選擇。

還有，手扶梯上人流不斷且擁擠的躁動壓力容易讓人感到緊張，倫敦市政府採取一項簡

單措施，在地鐵站手扶梯右側畫上靜止不動的腳印，在左側畫上行走的腳印，讓人清楚明白搭乘手扶梯時該如何自處。這也是推力的完美案例。

二、自主設定或施加外力以促成某個行為

在構思選擇設計時有不同方式，可以採自主設定（跟自制力有關），也可以是施加外力。我們因為自知無法主動採取某個行動而設定的各種提醒鬧鐘，屬於前者。每次超過我們設定使用社群媒體的時間限制，那些鬧鐘就會提醒我們花了多少時間，預設目標落空的機率有多高。

至於後者，推力不需要我們有意識地採取任何行動，而是會透過不同選項間接引導我們的行為。

舉例來說，如果目標是吃得更健康，透過簡單的行為設計就可以減少進食份量，加強已經吃飽的暗示，調整飲食習慣，從而改善日常生活中的生理、心理健康到工作效率（跟健康息息相關）。要做到這一切，只需要從外部施加溫和推力便足矣。

3 Jon Elster, *Ulysses and the Sirens*, Cambridge, 1979.

三、有意識的推力 vs. 無意識的推力

「有意識」在此處可以解讀為新公民的「公民意識」。公民意識大多有助於我們找到平衡，並養成若是沒有任何助力、通常會被我們捨棄的道德行為習慣。有些資訊宣導可以強化其意圖（例如減少食物浪費、提高能源效率、使用再生能源）。

無意識的推力是指我們做某些決定是無意識行為，不一定是有意識認同立法者希望實現的社會目標而受到啟發。

就像將印表機設定變更為預設選項中的灰階和雙面印刷，這個微不足道的小動作，可以促成某些無私行為。從個人角度觀之，成效不值一提，但如果是集體行為，就有助於改變習慣。

四、鼓勵或壓抑某個行為

可以被溫和勸進做某件事，也可以被溫和勸退，不去做某件事。

鼓勵他人採取某個行動，屬於前者；勸阻他人做某件事，屬於後者。

下圖這個簡單的道路彩繪，就是體現上述概念的有趣做法。

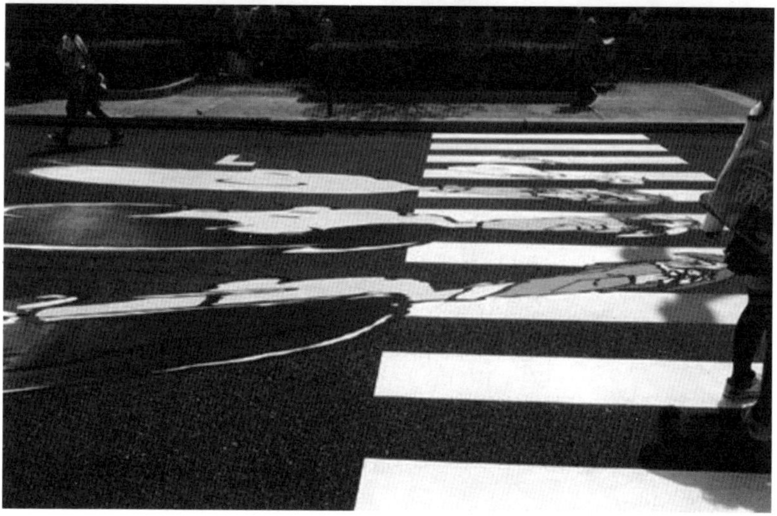

案例分析：正確使用，就有收穫

推力的原創性和有效性不因抄襲而減損，重點在於抄襲得當，適合自己所用。隨地丟紙屑是常被輕忽的一個動作。即便在寒冷的丹麥，哈姆雷特王子的故鄉，有研究顯示每三個人中就有一人，會偶爾不經意隨地亂丟紙屑。因此羅斯基勒大學設計了一個十分有效的方法，跟先前介紹倫敦地鐵站手扶梯的處理手法有異曲同工之妙。

畫在地上的腳印構成一條路線圖，增加垃圾筒的能見度，再將垃圾筒塗成螢光色讓它更醒目，引導行人做出更文明、負責的行為。研究團隊為確認這個政策的效力進行實驗，在兩個同質群體中實測綠色腳印路線圖對隨地亂丟垃圾的影響。

研究團隊在市區不同地點向行人發放糖果，有些地點地面上畫有綠色腳印，有些沒有。結果顯示，在有綠色腳印的社區隨地丟棄的紙屑比沒有綠色腳印的社區少了百分之四十六。

助力和儲蓄

另一個借重推力成果斐然的是儲蓄，這跟我們之前討論過正確評估未來的概念息息相關。

因為對未來不確定而預留資源，凸顯出不限時空所有人類共同的典型認知偏誤，導致我們對未來做出錯誤評估。

如何看待儲蓄，跟是否能夠正確評估未來有關。我們之所以儲蓄，往往是因為缺乏規劃能力，或因為沒有足夠財富。有時候則只是因為無法正確分析可用資訊。

但這些都不是內在因素。如果儲蓄是相對簡單的選擇，就算一個人浪費資源或胡亂花錢，依然有可能可以儲蓄。

不同研究顯示[4]，正因為我們缺乏遠見，推力才得以發揮功用。

一個可能性是改變預設選項，換言之，改變自動安裝模式。當我們在筆記型電腦上啟動一個可執行檔，該模式會利用惰性，鼓勵使用者執行特定操作。

另一個可能性是利用之前討論過智人對「損失」的天生反感：當我們賺到十歐元，我們的成就感會增加十；當我們損失十歐元，我們的無力感大於十。根據實驗結果顯示，負面效應通常會是兩倍。

4 Thaler and Shlomo Benartzi, «Save More Tomorrow: Using Behavioral Economics to Increase Employee Savings», in *Journal of Political Economy*, 2004, 112, pp. 164-187.

「明日存更多」實驗計劃案結合兩個因素，鼓勵勞工多多儲蓄。

這個推力實驗的對象是一群勞工，他們無意識被動地加入了一項預備儲蓄計畫，這項計畫不但將他們現在領取的部分薪水立即轉入退休基金中（這會讓人產生某種失落感），還利用大家對未來缺乏遠見的態度，規定將來加薪的一部分也要存入儲蓄帳戶。

把未來加薪的一部份轉存入帳戶不會讓人心痛，因為那是遙遠未來才會發生的事，而且還能減緩參與者的失落感，因為這筆款項（在我們看來是負數）跟未來收入成長（正數）是連動的。

結果令人十分意外。這些推力實驗計畫參與者的儲蓄意願提高了百分之六十。但我必須潑一下冷水：不能把實驗結果視為通則，也別以為魔法杖一揮就能讓大家願意謹慎使用資源，不過行為設計確實有豐富多樣的可能性。

社會比較：當鄰居的帳單比你的帳單環保

每年年初總會有強烈渴望訂定新計畫，例如常常運動。顯然這是典型缺乏自制力及習慣性怠惰使然，會大幅削弱企圖心。

以使用健身房頻率為研究項目的實驗顯示一個有趣的結果，請看下圖：[5]

這個圖表清楚說明健身房使用者的行為模式：左上曲線圖代表繳年費者的運動頻率，是直線下滑到趴地不起；左下曲線圖代表繳半年費者的運動頻率，有兩個峰點；繳季費者有四個峰點，而繳月費者是唯一持續上健身房運動的人。

繳費不只是掏空帳戶的動作，也是一個提醒，提醒我們那個動作或服務讓我們花了一筆錢。

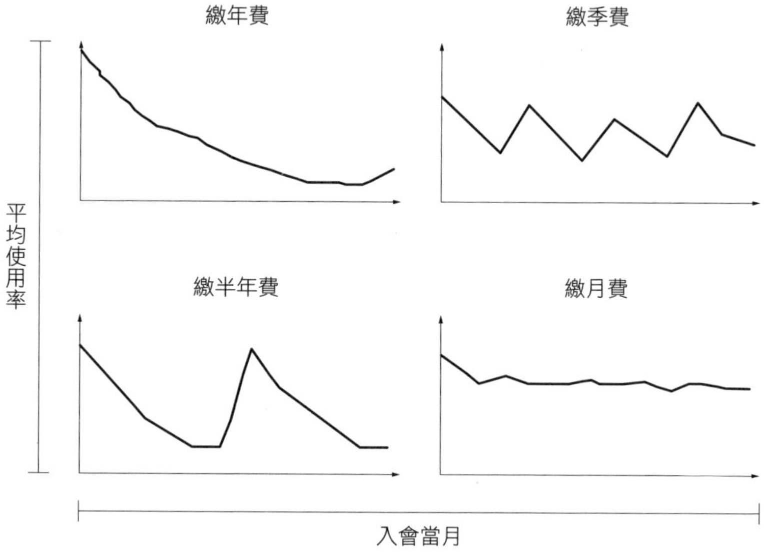

[5] John Gourville and Soman, «Pricing and the Psychology of Consumption», in *Harvard Business Review*, 2002.

關於浪費能源的問題，也能從可避免行為及習慣性行為（沒有隨手關燈或關機的習慣）切入，從中長期來看，這些行為都會造成金錢支出及溫室氣體過量排放。美國數十年投入節能宣導、制定獎勵措施，都收效甚微，直到二〇〇七年節能管理公司Opower異軍突起，成為業界佼佼者。這間公司怎麼辦到的？Opower只在電費單上將該用戶的用電量跟所在社區的平均用電量做比較，將家家戶戶的用電量跟鄰居的用電量做比較，就獲得驚人的節能成效，在電費單寄到前夕尤其明顯。等收到第三、四張電費單後，效果更持久。這就是推力的效用：單靠推力不足以改變行為，但是時間久了，搭配宣導活動，就可以建立一個新的社會規範，進而變成文化。這些成功背後的秘訣很簡單，就是社會比較。透過比較，傳達出來的訊息是尊重環境乃必須遵守的規範，沒有例外。受到同儕良善行為的影響，大家會自然而然、自動自發傾向跟進，就像第八章更換浴巾的案例。

Waterpebble淋浴計時器：視覺刺激有助於做對的事

水資源浪費是聯合國希望能在二〇三〇年前獲得解決的永續發展目標之一。關於這個議題，行為誘因可以是支持永續行動的有效工具。Waterpebble淋浴計時器像是一個「控水交通號誌」，將它安裝在淋浴花灑上，會跟真正的計時器一樣紀錄第一次淋浴的時間。之後每次淋浴，當你接近第一次用水閥值時，會不聲不響自動縮短淋浴時間，以溫和方式鼓勵淋浴者省水。

自己動手：如何實踐推力

政策制定者如何實踐推力？英國政府為此特別成立了一個單位，名為「行為洞察團隊」，如今是一家獨立經營的公司，為全球各國和企業提供支援策略。這家公司旨在設計和實踐從推力得到啟發的解決方案。

過程可分四個步驟：

一、建立情境地圖

模型是現實的再現，適用於不同目的。聯立方程式是可估算編輯消費傾向的數學模型。地鐵路線圖也是一種模型，標示出停靠站

製作情境地圖	篩選推力	找出合適的槓桿以啟動推力	實驗、測試、重複
•了解決策過程 •確認主要捷思及偏差	找出最合適的推力	確認可能的限制，以及最適合付諸實踐的應用範圍	確認先後順序及助力的效用

和通往城市不同區域的路線。

地鐵路線圖是很貼切的例子，因為路線圖上的停靠站未必與地圖上的真實位置相符合。模型的目的在於降低現實的複雜性，方便使用。

建立問題的情境地圖，指的是用正確的詞彙「陳述」並表明問題。

就如波赫士（Jorge L. Borges）在《惡棍列傳》中的場景：

> 在那個帝國，製圖工藝已臻完美，單是一個省分的地圖就有一座城池那麼大，帝國地圖則有一個省那麼大。時間久了，這些巨幅地圖已不敷使用。製圖學院製作了一幅大小跟帝國全境幅員相等的帝國地圖。後世子民對製圖學熱情不再，認為這幅地圖毫無用處嗤之以鼻，任憑寒風烈日肆虐棄之不顧。西部沙漠中仍有該幅地圖殘骸，動物和乞丐棲身在此。除此之外，全帝國境內再也不見任何製圖學遺跡。[6]

所以在思考推力之前，必須先理解決策過程的幾個關鍵要素。

決策特性：誘因結構是什麼？預設選項是什麼？注意力扮演什麼角色？

我們之前已多次強調，「誘因」在經濟學中至關緊要。從經濟學角度解讀人類行為，都是為了找出行為背後的原因。在經濟學中，這些原因通常會被簡化為成本效益分析結果，我們會藉此評估某個選擇的利與弊。問題是，經濟學是以金錢為主要甚或唯一槓桿，但就行為科學或一般常理而言，誘因和動機很可能截然不同。

有時我們會因個人信念、熱情或抱負而做出某些決定。學生希望考試得高分，是為了獲得獎學金。追求社會認可和名聲，往往是許多行為背後的動力。既然行為是自覺且有意識的，那麼推力的目的就是釐清特定情境的誘因和動機的結構。

資訊來源：如何收集處理必要資訊以做出選擇？

我們每天被資訊轟炸。時間緊迫的情況下，資訊生態學變得十分重要，可以減輕我們大腦運作的負荷，我們的大腦有其侷限性，所以運作時必須快速且有效率。

6 波赫士，《惡棍列傳》（*Historia universal de la infamia*），Editorial Tor, Buenos Aires, 1935。

心智歷程特色：情緒在特定選擇中扮演什麼角色？

人類面對情緒，跟《星艦迷航記》大副史巴克的反應不同。情感往往會影響我們做決定，這一點必須牢記在心，才能知道在什麼情況下要預留空間給大象，什麼情況下最好跟著騎象人走。

環境和社會因素：過程需時多久，以及來自同儕群體的壓力，都在決策過程中扮演關鍵角色。

二、篩選適合的推力

完成情境地圖後，優秀的選擇設計師會在他的筆記本裡寫下四個基本問題：

1. 推力對象是否知道自己需要什麼，卻無法達成目標？抑或是，所期望的社會行為不在推力對象的思考模式中，須由外部激發？
2. 推力對象或主體是否具有足夠的積極性和公民意識，可以自發地給予自己溫和推力？
3. 預期被執行的行動是否需要更高的認知，因此需要提供更多的資訊內容？或是過多資訊會阻礙行動進程，因此需要執行的是「心智淨化」？

4. 預期被執行的行動未能付諸實踐是因為已有替代方案，或單純因為惰性？我們應該阻止替代方案，或以某種方式鼓勵預期行動？

三、找出合適的槓桿以啟動推力

在這個階段，需要思考之前從未談到的一項關鍵資源：設計有效推力，有必要確定可用的預算，並評估下列方案是否可行：

1. 為推力計畫預設自動加入模式
2. 提供預設選項或修改現有選項
3. 修改個人可用的現有選項
4. 利用科技降低成本，或善用可能的規模經濟條件

無論採取哪一種方案，資金都是行為設計必須考慮的環節，需牢記在心。

四、設計與路徑

最後進入行動階段！

在執行推力時，除了管控成本外，也需要管控其他面向：

1. 推力試圖解決的是哪些瓶頸？若有多個目標，應確認先後順序以便有效運用現有資源
2. 涵蓋特定對象的能力：「明日存更多」實驗計畫結果顯示，根據自制力設計的推力，跟預設為自動加入的推力相比，前者人數較少
3. 預設為自動加入的推力雖然可以涵蓋廣大群眾，但無法滿足所有人的需求。例如儲蓄計畫，在某些情況下，或許更好的做法是讓勞工根據個人意願自行選擇，也就是結合無意識行為和推力
4. 推力要做中長期評估，包括由專業研究人員進行的計算和實證調查，以便改善或發展新的推力

我們回頭來看本章開頭的圖表：為何奧地利器官捐贈率明顯高於德國？

在我闡明推力的邏輯之後，你們應該都能猜到答案：跟加入計畫的預設機制有關。換言

之，有選擇加入（opt in）或選擇退出（opt out）兩種模式，涉及默認同意或默認拒絕規則。

奧地利的預設選項是同意捐贈器官。在世時可以透過簡單操作做變更，表明自己不願意捐贈任何器官，但是自動帶入的選項是同意。在德國正好相反，預設選項是默認拒絕，願意捐贈器官者必須在生前填寫特定表格，因為德國的預設選項是不捐贈。

然而，如本章開頭所述，世上沒有魔法杖，我要再次重申，推力的介入有其侷限。其實，器官捐贈的設計只是情境因素之一，如果比對不同國家實際上的捐贈數據，就會發現差距沒有那麼大。

讓我們更容易做出決定固然好，但是捐贈器官這件事本身，還要考慮負責器官移植的醫生意見、家屬意願，以及同樣重要的程序和倫理問題。

即便面對全球暖化這樣複雜的議題，推力的本意也不是讓國家或政府推卸責任或不作為。有人可能意圖將推力簡化成是國家委託公民解決政治問題，讓那些問題變成個人就可以決定的自家花園裡的小事。

事實並非如此。例如氣候危機就是個人錯誤選擇加總起來的結果，需要政治力和公權力介入扮演積極角色，推動並協助改變。

自由家長制的意義在於提供額外的政治工具，拉近個人和集體之間的距離，鼓勵轉型或採取具體行動。但是這一切建立在公民以負責任、有政治意識的態度做出成熟選擇，才能讓氣候危機從麻煩製造者變成契機之所在。

所以需要積極、有決心的個體及個人，在主導和管理變革的機構和國家支持下，在社群網絡和群體中凝聚力量。

決策自由

「選擇設計」是由塞勒和桑思汀提出的概念，一般咸認為選擇一定面面俱到沒有缺失，實際上決策的呈現方式會影響決策者的行為。就像建築師設計房子是為了滿足某個需求，選擇設計師設計決策環境是為了改變做決策當下的體驗。換言之，選擇設計師可以支持決策者的目標，或阻礙達成目標。

這個議題至關緊要，我們之前已經討論過，如果不提升有意識公民的自由，助力無濟於事。如同面對氣候變遷這種複雜挑戰，助力無法影響智人，也無法左右任何缺乏中心題旨的行動。要解決全球性問題，無論是上述的小規模決策，或對永續轉型共同目標漠不關心的人做出選擇，都於事無補。

推力可以點燃改變和意識的火花，幫助我們做出決定，而且往往是基於本能做出決定，反映的是我們內在深層的價值觀，可是混亂情境會混淆視聽，讓我們無法分辨利弊得失。如同《推力》的書封設計，推力就像是母象推著小象往前走，無論基於什麼理由，都不能誤以為公共政策制定者可以代替我們往前走。

推力有兩種：過程式推力和結果式推力。過程式推力是指符合決策者偏好及行動的推力。舉例來說，如果某人想要養成健康生活習慣，他很可能會在外賣應用程式上註記。當該應用程式開發者重新整理食物選項，把比較健康的選項排在前面，我們可以視其為一種過程式推力，因為用戶選擇啟動推力（選擇加入他的偏好），以便被推向健康生活這個目標。這是一種溫和的求助方法，就像在手機裡輸入使用時間限制，鼓勵自己善加利用時間做更有意義的事。

結果式推力會因選擇特定行動的人而有所不同。假設第三方選擇他偏好的選項，推力會努力促成被期待的結果，而非影響決策過程。同樣以外賣應用程式為例，設計師在用戶不知情或未經用戶同意的情況下，重新整理提供給用戶的食物選項，把更健康的選項排在前面，說不定是為了因應政府宣導推廣全民健康生活習慣。雖然這個助力也讓用戶受益，但這是第三方的選擇，而不是用戶個人的選擇。

簡而言之，過程式推力關注的是促成決定的條件，而結果式推力則著重目標。

在不知情狀況下達成目標比較好？還是先想辦法播種，等待結出成熟的決策果實比較好？這恐怕是一個哲學問題。

有人喜歡先設定具體目標，然後選擇以輕鬆態度過較健康的生活。我自己則因為不同理由更傾向過程式推力。

首先，過程式推力不把人當笨蛋或被操控的傀儡，而是讓人參與其中，為個人也為社會共同打造更好的決策環境。

此外，本書探討的主題沒有標準答案，需要不斷反思。對氣候危機而言，過程式推力可以幫助決策者意識到數據和修正行動的重要性。了解決策過程不只是為了改善某個行為，還有可能全方位影響看問題的敏感度和成熟度，以及如何面為未來新的挑戰。

再者，我始終認為蓋房子應該先從地基開始，之後再關心屋頂。一位優秀的選擇設計師也應該重視我們做選擇的基礎，以確保那些基礎歷久不衰。

最後，讓我們再回到黑武士。如果只要有原力就足矣，誰擁有得多，誰擁有得少都不重要，那就不需要用《星際大戰》來描述幾位主角的故事，只要順其自然，讓光明面和黑暗面主導絕地武士和西斯武士的生活即可，反正不可能改變事件既定的走向。

黑武士這個完美角色正好提醒我們一個重要概念，叫我們無論如何都要樂觀迎接未來。未來固然處處阻礙，烏雲密布，但也充滿機會。

當絕地武士取得自我意識，才成為真正的絕地武士，同時撐起整個故事，並證實德國哲學家恩斯特．布洛赫（Ernst Bloch）所言「希望的原理」是成立的。布洛赫的論述一言以蔽之：**你可以自由選擇**。

路克，用原力吧，或讓原力將你輕輕地推向未來。

第十章

請入座，準備起飛……出發！

把「全文歸納成十個重點」的做法有點浮濫，而且如此一來大家就有了不需要閱讀整本書的理由。我想到另一個更好的解決方案：有人在飛機起飛之後喜歡聽音樂，音樂不變，但我找來不同樂手唱給你們聽。十首歌，十個訊息，好讓你們牢記在心。

一路順風，記得帶著禮物，就有機會找到要感謝的人。

1.要編織不要皺褶：複雜 vs. 繁複

詞源學往往能幫助我們做出正確選擇。「簡單」（semplice）源自拉丁文sine plica，意思是「沒有皺褶」。所以「簡化」是指去除不順暢論述中的皺褶。「複雜」（complesso）的詞源則與織布有關，指的是把互屬的部件交錯織造起來。面對氣候議題及處理氣候危機的方式，應該停止用二元方式，改以「交錯織造」方式思考，這是以正確角度切入對現實進行研究的重要關鍵。

前英國首相柴契爾夫人因為看似冷酷無情的這句名言而聞名於世：

「根本沒有社會這回事。」

所謂複雜模式，就是在做判斷之前，先找出柴契爾夫人這句話的完整論述並閱讀完畢：

「這個世界是一張掛毯，掛毯上有男人和女人，掛毯是否美麗、掛毯上有多少人及我們生活的品質，取決於我們每一個人願意為自己承擔多少責任，還有我們每一個人是否願意出力協助那些不幸的人。」

再回頭看第一句話，意思完全不同，對嗎？

歷史會給予那些影響百萬人民的事件、選擇和決定一個定論，我們則是以那些事件、選擇和決定為基礎形成信念，柴契爾夫人的政治理論同樣由此而來。

複雜性需要我們努力保持彈性和模糊空間，以及當我們猶豫不決卻發現沒有開關可以中斷時浮現的那份不適感。

選曲：范吉利斯（Vangelis），〈隱形連結〉（*Invisible Connections*）

2. 別擔心今天是不是世界末日，此刻的澳洲已經是明天了呢

我一直很喜歡史努比漫畫中瑪西說的這句話，儘管她被視為配角，卻是那群小朋友中最聰明也最用功的一個，常說出類似的雋永金句。我把這句話加進來，是因為地球暖化議題的另一個推力，就是跟時間和平共處。智人常常很難準確拿捏分寸，或許我們將抽象概念轉化為具體模型的速度過快，隨著工業革命來臨，我們跟時間的關係突然不再像以前那麼不受重視。一直到十九世紀初，每個明天都跟今天一樣，跟昨天也沒有不同。但是技術不斷創新，加上製造業和生活水平迅速成長，為世界打開了科幻時間之眼，緊接著我們開始想像時間之旅。

如果可以用地理學角度來看時間，希望時間能取得所有需要的空間以便做長時間思考，而不只是衝動地回應當下的需求。

選曲：滾石樂團（Rolling Stones），〈時間站在我這邊〉（*Time Is On My Side*）

3. 如果某個數據挑戰你的世界觀，不要把它趕出家門，要好好質疑它

有名言道：「你若好好折磨數據，你想知道什麼它都會告訴你」。在我們迫切渴望證明自己是對的，陷入確認偏誤時，這句話會點亮警示燈。當出現在眼前的數據顯示結果跟我們的想法相反時，不要急著把它趕出門，要先回答幾個問題：來源是否可信？解讀是否正確？這個實證是否有合理解釋？

質疑我們的信念有益無害，這並非流於表面的多疑，而是對偶發性抱持開放態度。科學發現往往來自偶發事件，但是並不代表世界及有待發掘的種種完全不可預測。偶然發現（找到某樣不一定是你正在尋找的東西）需要毅力、學習意願、準備好接受新發現的心態，並且願意分享。我們應該抱持同樣的開放態度，去質疑某個異常的數據，有助於我們在不時干擾日常生活的混亂數字中找到方向，讓我們對世界的見解更穩固可靠。

選曲：披頭四（Beatles），〈因為〉（*Because*）

4. 擁抱不確定性，不要遲疑

科學界充滿不確定性，而且是結構上的不確定性。如果科學意味著批判和知識成長，我們會覺得永遠有東西尚待發掘，更重要的是，也有東西不需要知道，我認為這個論點不但讓人感到心安，而且彌足珍貴。把錯誤提升到人性層面，我們可以活得更輕鬆，不要把它當成治療恐懼的安慰劑，而要當成一種活性成分，讓我們不斷探索周遭事物樂此不疲。世界的大小就本質而言難以界定，這點十分振奮人心，就像盒子裡的貓，既是活的也是死的。[1]

選曲：金髮美女樂團（Blondie），〈我知道但我不知道〉（*I Know But I Don't Know*）

1　薛丁格的貓（Schrödinger's cat），是奧地利物理學家薛丁格（Erwin Schrödinger）於一九三五年提出的思維實驗，假設將一隻貓關在盒子裡，再放入少量放射物質和裝有氰化氫的燒瓶，若放射物質衰變，盒內裝置會打破燒瓶，導致貓死亡。因為具有不確定性，所以貓處於或生或死的疊加狀態。

5. 你覺得自己很沒用，其實事情並非你以為的那樣

人類生活在地球上，幾乎持續不懈地用自己的尺度比例和意象去描述宇宙。今天被稱為科學的自然哲學，以一種有益無害的離心運動慢慢演化，把陸地遷移到宇宙邊陲，讓人類從演化階梯最高處走下來，消弭人類試圖體現帶有宿命意味的演化最終目標是完美的想法。我喜歡科學，尤其喜歡氣候科學的原因，在於它將人類重新拉回地球這個系統，且一視同仁。我個人覺得這樣反而好，一方面賦予我們足夠責任，思考人類世對地球的影響，另一方面讓我們更謙卑，更不孤單，即便跟其他生物之間有一場假想的競爭，但實際上人類只是生物網絡中的一個節點，或是再回到掛毯的例子，我們只是那個複雜經緯織線上的極小元素。

選曲：比吉斯（Bee Gees），〈我開了個玩笑〉（*I Started A Joke*）

6.不要阻擋暴衝的大象，要把路徑規劃好

情緒是解讀現實的資訊集合的一部分，無須壓抑它扮演的角色，因為在很多情境下情緒能支持我們的決定，包括在全球暖化議題上，情緒可以帶動行動，還能宣揚某個行為或某個政策措施的重要性。系統一和系統二的比喻讓我們知道，智人有部分大腦很古老，上百萬年高齡，面對問題時習慣於做出衝動反應。理性認知則很年輕，傾向做策略性思考，但無法在腦中建立任何有效的分層制度。選擇設計在氣候危機議題上扮演重要角色，而一名優秀的行為設計師不能把鞭子交給騎象人讓他主導，也不能用麻醉針讓大象昏睡藉此懲罰牠。行為設計師該做的是儘可能妥善規劃路徑，換言之，讓理性和衝動合作，協助我們有意識地做出最好的選擇。

選曲：喬治・哈里森（George Harrison），〈萬物必將消逝〉（*All Things Must Pass*）

7.在分享任何一個數據資料之前，先數到十，數完之後再繼續數到一百

這個鬥陣俱樂部的第一條規定是，在分享任何有重要資訊的消息前，得先數到十。

第二條規定是，數到十之後，最好再繼續數到一百。

加起來是一分四十秒。除非你是通訊社記者（即便你是，也會根據新聞準則過濾消息），否則一百秒之後世界不會發生災難性變故，而我們一般來說，不會對不期然接觸到的所有資訊都形成觀點。錯失恐懼症（fear of missing out，簡稱ＦＯＭＯ）是適量資訊的敵人。處理資訊需要時間，得以解讀現實的能力去咀嚼並消化資訊，要評估發布該資訊的來源是否可信，還要思考如何分享資訊，得找出最佳傳播方式以便它被其他人看見。經過嚴謹處理的資訊才是可貴的資訊，矛盾的是，這種資訊可能不夠吸引人或聳動，但是比較精確，也比較有用。在這個網路衝浪者著迷於加速度無所畏懼的世界，我們需要像知道海有多深的潛水員一樣冷靜，慢慢適應不斷增加的壓力，把自己所學帶往海面。

選曲：德斯特兄弟（The dust brothers），〈什麼是鬥陣俱樂部〉（*What Is Fight Club*）

8. 善加運用合適的表達用語

數學家安德魯．艾略特在《數字公民》中寫道，數數字就是唱歌。這本書列舉了幾條簡單規則，關於如何介紹數字，更重要的是如何以理性方式談數字。

有時候我們會害怕談數字，包括全球暖化的相關數字。因為害怕，常常阻礙我們正確解讀經驗證據。

但找到合適用語去表達數字，意味著試圖藉由溝通達成一系列重要目標：傳遞清晰訊息，影響訊息接收者的情境背景，增添人類知識財富。

選出合適用語，以及合適的數字，對於有效且有用的科學溝通至關緊要。

更別說還有另一種同樣不容小覷的選擇：在適當的時候，沉默也是一種語言。

選曲：平克佛洛伊德樂團（Pink Floyd），〈太陽讚歌〉（*Set The Control For The Heart Of The Sun*）

9. 你可以自由選擇，選擇時請溫柔一點

這一章專門討論推力，或溫和推進，旨在重申代理扮演的關鍵角色。氣候危機不僅提供個人獲得決策空間的機會，也提供政策制定者美化和整理情境的機會，讓個人選擇能集結變成集體選擇。

而自由是確保此一轉換的關鍵。在經濟學中，我們談合約委託人／代理人模型，根據合約，一人或多人（委託人）要求另一人（代理人）代表前者執行特定職務，亦即將權力授予代理人。

溫和推力像一張濾網，既可以調節經濟與社會的關係，也可以調節以個人身分做選擇和以公民身分做理性判斷的兩種主體之間的關係。

選曲：火星人布魯諾（Bruno Mars），〈相信我〉（*Count On Me*）

10.不要沉浸在希望裡，想點實際可行的

恩斯特·布洛赫所言「希望的原理」，若能拋開馬克思主義的歷史脈絡，是應對氣候危機的珍貴解析工具。想像人類昌盛繁榮，與周圍環境（永續）和諧共生的未來，需要智人預測未來的能力，在看見幸福來臨之前就先寫下幸福的篇章，找到解決社會新興問題的解決方案，才有故事可說。排除困難並不容易，布洛赫這句話的美妙之處，就在於希望的原理具體可行。我們需要的是如何適應現實世界的實用配方，或是具偶發性傾向的科學發現。但這些不會偶然從天而降，也不會是命運必然安排，需要樂觀主義者不顧一切艱辛奮鬥成功後重新找回存在於世間的美好。

現在，請入座，準備起飛……出發！

選曲：喬治麥可（George Michael），〈信念〉（*Faith*）

亞當斯密 43

看不見的大象

當危機就在身邊，為何我們選擇毫不在意？

L'elefante invisibile

作者　盧西亞諾・卡諾瓦（Luciano Canova）
譯者　倪安宇

堡壘文化有限公司
總編輯　簡欣彥
副總編輯　簡伯儒
責任編輯　簡伯儒
行銷企劃　黃怡婷
封面設計　覓蠹設計室
內頁構成　李秀菊

出版　堡壘文化有限公司
發行　遠足文化事業股份有限公司（讀書共和國出版集團）
地址　231新北市新店區民權路108-3號8樓
電話　02-22181417
傳真　02-22188057
Email　service@bookrep.com.tw
郵撥帳號　19504465 遠足文化事業股份有限公司
客服專線　0800-221-029
網址　http://www.bookrep.com.tw
法律顧問　華洋法律事務所　蘇文生律師
印製　韋懋實業有限公司
初版1刷　2025年8月
定價　新臺幣380元
ISBN　978-626-7728-23-9
eISBN　978-626-7728-20-8 (PDF)
eISBN　978-626-7728-19-2 (ePub)

國家圖書館出版品預行編目（CIP）資料

看不見的大象：當危機就在身邊，為何我們選擇毫不在意？／盧西亞諾・卡諾瓦（Luciano Canova）著；倪安宇譯. -- 初版. -- 新北市：堡壘文化有限公司出版：遠足文化事業股份有限公司發行, 2025.8
面；　公分. --（亞當斯密；43）
譯自：L'elefante invisibile
ISBN 978-626-7728-23-9（平裝）
1.CST: 社會心理學　2.CST: 行為科學　3.CST: 大眾行為　4.CST: 行為模式
541.75　　114010050